Was ist ein Ereignis? Slavoj Žižek erkundet diese alte Frage, indem er Unterscheidungen trifft: Zunächst betrachtet er das Ereignis als Rahmung, als Sturz und als Aufklärung. Dann unterscheidet Žižek drei Ereignisse in der Philosophie: die Wahrheit, das Selbst, das Universale. Und schließlich spricht er über drei Ereignisse in der Psychoanalyse: das Reale, das Symbolische, das Imaginäre. Von Platon über den Buddhismus bis Shakespeare, Wagner, Chesterton, Hegel und natürlich Lacan legt Žižek das Wesen des Ereignisses frei, um schließlich die zentralen Umrisse einer Antwort auf die alles entscheidende Frage zu skizzieren: Was ist ein politisches Ereignis? Ein provokanter und unterhaltsamer Trip in die Philosophie, ein echter Žižek.

Slavoj Žižek, geboren 1949, ist Philosoph, Psychoanalytiker und Kulturkritiker. Er lehrt Philosophie an der Universität von Ljubljana in Slowenien und an der European Graduate School in Saas-Fee und ist derzeit International Director am Birkbeck Institute for the Humanities in London. Seine zahlreichen Bücher sind in über 20 Sprachen übersetzt. Im S. Fischer Verlag sind zuletzt erschienen ›Was ist ein Ereignis?‹ (2014) und ›Das Jahr der gefährlichen Träume‹ (2013).

Weitere Informationen finden Sie auf www.fischerverlage.de.

Slavoj Žižek

Was ist ein Ereignis?

Aus dem Englischen von Karen Genschow

FISCHER Taschenbuch

Erschienen bei FISCHER Taschenbuch
Frankfurt am Main, August 2016

Die Originalausgabe erschien unter dem Titel »Event«
im Verlag Penguin, London, im Januar 2014
© Slavoj Žižek, 2014

Für die deutschsprachige Ausgabe:
© 2014 S. Fischer Verlag GmbH,
Hedderichstr. 114, D-60596 Frankfurt am Main

Satz: Pinkuin Satz und Datentechnik, Berlin
Druck und Bindung: CPI books GmbH, Leck
Printed in Germany
ISBN 978-3-596-03123-8

Inhalt

Alle einsteigen – Eine Entdeckungsreise durch das Ereignis beginnt!

»Ein Tsunami hat mehr als 200 000 Menschen in Indonesien getötet!« »Ein Paparazzo hat Britney Spears' Vagina fotografiert!« »Mir wurde klar, dass ich alles liegenlassen und ihm helfen musste!« »Die brutale Machtübernahme des Militärs überschattete das Land!« »Das Volk hat gesiegt! Der Diktator ist geflohen!« »Wie ist etwas so Schönes wie Beethovens letzte Klaviersonate überhaupt möglich?«

All diese Aussagen beziehen sich auf etwas, das wenigstens einige von uns für ein Ereignis halten würden – ein amphibischer Begriff, der mehr als fünfzig *shades of grey* umfasst. Ein »Ereignis« kann sich auf zerstörerische Naturkatastrophen beziehen oder auf den letzten Promi-Skandal, den Triumph des Volkes oder einen brutalen politischen Wandel, die tiefe Erfahrung eines Kunstwerks oder auf eine persönliche Entscheidung. Angesichts dieser Variationen können wir nur Ordnung in dieses Rätsel bringen, wenn wir das Wagnis auf uns nehmen, den Zug zu besteigen und unsere Reise mit einer vorläufigen Definition von Ereignis zu beginnen.

Agatha Christies *16 Uhr 50 ab Paddington* beginnt auf einer Zugreise von Schottland nach London, wo Elspeth McGillicuddy, auf dem Weg, ihre alte Freundin Jane Marple zu besuchen, eine Frau erblickt, die im Abteil eines vorbeifahrenden Zuges (der um 16.50 Uhr ab Paddington) erwürgt wird. Alles geschieht sehr schnell und ihre Sicht ist verschwommen, so dass die Polizei Elspeths Bericht nicht ernst nimmt, da es keine Hinweise auf ein Verbrechen gibt. Allein Miss Marple glaubt ihre Geschichte und beginnt Nachforschungen anzustellen. Dies ist ein Ereignis in seiner reinsten und minimalsten Form: etwas Schockierendes, aus den Fugen Geratenes, etwas, das plötzlich zu geschehen scheint und den herkömmlichen Lauf der Dinge unterbricht; etwas, das anscheinend von nirgendwo kommt, ohne erkennbare Gründe, eine Erscheinung ohne feste Gestalt als Basis.

Definitionsgemäß liegt etwas »Wunderbares« in einem Ereignis, von den Wundern unseres alltäglichen Lebens zu denen der höchst erhabenen Sphären, die göttlichen eingeschlossen. Die ereignishafte Natur des Christentums ergibt sich aus der Notwendigkeit, an ein einziges Ereignis zu glauben, um Christ zu sein – den Tod und die Auferstehung Christi. Vielleicht ist sogar das zirkuläre Verhältnis zwischen Glaube und seinen Begründungen noch wesentlicher: Ich kann nicht sagen, dass ich an Christus glaube, weil ich von den Gründen, an ihn zu glauben, überzeugt worden wäre; erst wenn ich glaube, kann ich die Gründe für den Glauben verstehen. Dasselbe zirkuläre Verhältnis gilt für die Liebe: Ich verliebe mich nicht aus bestimmten Gründen (ihre Lippen, ihr Lächeln ...) – sondern weil ich sie bereits liebe, fühle ich mich zu ihren Lippen etc. hingezogen. Aus diesem Grund ist auch die Liebe ereignishaft. Sie ist eine Erscheinungsform von zirkulärer Struktur, in der der ereignishafte Effekt rückwirkend die Ursachen oder Gründe[1] für sie bestimmt. Dasselbe gilt auch für ein politisches Ereignis wie die lang anhaltenden Proteste auf dem Tahrir-Platz in Kairo, die das Mubarak-Regime zu Fall brachten: Man kann die Proteste leicht als Ergebnis bestimmter Blockierungen in der ägyptischen Gesellschaft erklären (arbeitslose, gut ausgebildete Jugendliche ohne klare Perspektiven etc.), aber dennoch kann keine allein für die synergetische Energie verantwortlich gemacht werden, die die Bewegung entstehen ließ.

In derselben Weise ist das Entstehen einer neuen Kunstform ein Ereignis. Nehmen wir beispielsweise den *film noir*. In seiner detaillierten Analyse zeigt Marc Vernet,[2] dass die Haupteigenschaften, die die allgemeine Definition des *film noir* bilden (*chiaroscuro*-Beleuchtung, schroffe Kamerawinkel, das paranoische Universum des hartgesottenen Ermittlers, in dem Korruption zum kosmischen metaphysischen Merkmal emporgehoben wird, verkörpert in der *femme fatale*), schon zuvor in Hollywood-Filmen präsent waren. Dennoch bleibt das Geheimnis der rätselhaften Effizienz und Dauer des Begriffs des *noir* bestehen: Je mehr Vernet in Bezug auf die Fakten recht hat, je mehr er historische Begründungen anbietet, desto rätselhafter und unerklärlicher wird die außerordentliche Stärke und Langlebigkeit dieses »illusorischen« Begriffs *noir* – des Begriffs, der jahrzehntelang durch unsere Imagination gegeistert ist.

In einer ersten Annäherung erscheint das Ereignis also als *Effekt, der seine Gründe zu übersteigen scheint* – und der *Raum* eines Ereignisses ist derjenige, der von dem Spalt zwischen einem Effekt und seinen Ursachen eröffnet wird. Bereits mit dieser annähernden Definition befinden wir uns mitten im Herzen der Philosophie, da die Kausalität eines der grundlegenden Probleme ist, mit denen sich die Philosophie befasst: Sind alle Dinge durch kausale Verknüpfungen verbunden? Muss alles, was existiert, auf ausreichenden Begründungen beruhen? Oder gibt es Dinge, die irgendwie aus dem Nichts geschehen? Wie kann uns also die Philosophie helfen, zu bestimmen, was ein Ereignis ist – ein Vorfall, der nicht auf ausreichenden Gründen beruht – und wie es möglich ist?

Von ihrem Beginn an scheint die Philosophie zwischen zwei Ansätzen zu schwanken: dem transzendentalen und dem ontologischen oder ontischen. Der erste betrifft die universelle Struktur, wie uns die Realität erscheint. Welche Bedingungen müssen zusammentreffen, damit wir etwas als wirklich existent wahrnehmen? »Transzendental« ist der technische Begriff des Philosophen für eine solche Rahmung, die die Koordinaten von Realität definiert – beispielsweise lässt uns der transzendentale Ansatz gewahr werden, dass für einen wissenschaftlichen Naturalisten allein raumzeitliche materielle Phänomene, die durch Naturgesetze geregelt sind, existieren, während für einen vormodernen Traditionalisten auch Geist und Bedeutungen ein Teil der Realität sind, nicht nur unsere menschlichen Projektionen. Dem ontischen Zugriff andererseits ist es um die Realität selbst zu tun, in ihrer Entstehung und ihrem Einsatz: Wie ist das Universum entstanden? Hat es einen Anfang und ein Ende? Was ist unser Platz darin? Im 20. Jahrhundert hat sich der Spalt zwischen beiden Denkweisen extrem vergrößert: Der transzendentale Ansatz erreichte seinen Gipfel mit dem deutschen Philosophen Martin Heidegger (1889–1976), während der ontologische heute von den Naturwissenschaften gekapert worden zu sein scheint – wir erwarten die Antwort auf die Frage nach den Ursprüngen unseres Universums aus der Quantenkosmologie, der Hirnforschung und der Evolutionstheorie. Am Anfang seines neuen Bestsellers *Der große Entwurf – eine neue Erklärung des Universums* erklärt Stephen Hawking triumphierend, die Philosophie sei tot:[3] Metaphysische Fragen über den Ursprung des Universums etc., die einmal das Thema philosophischer Spekulationen waren, können nun von der experimentellen Wissenschaft beantwortet und folglich empirisch getestet werden.

Was dem Entdeckungsreisenden auffallen muss, ist, dass beide Ansätze in einem Begriff von Ereignis gipfeln: das Ereignis als Enthüllung des Seins – des Bedeutungshorizonts, der bestimmt, wie wir die Realität wahrnehmen und uns zu ihr in Beziehung setzen – in Heideggers Denken; im ontischen Ansatz, der von der Quantenkosmologie verteidigt wird, das ursprüngliche Ereignis, der Urknall (oder die Symmetriebrechung), aus dem unser gesamtes Universum entstanden ist.

Unsere erste tastende Definition von Ereignis als einem Effekt, der seine Gründe übersteigt, wirft uns also auf eine inkonsistente Vielfalt zurück: Ist das Ereignis eine Veränderung in der Weise, wie die Realität uns erscheint, oder ist es eine erschütternde Transformation der Realität selbst? Reduziert die Philosophie die Autonomie eines Ereignisses oder kann sie genau über diese Autonomie etwas aussagen? Also noch einmal: Gibt es einen Weg, Ordnung in dieses Rätsel zu bringen? Das offensichtliche Vorgehen wäre gewesen, die Ereignisse in Gattungen und Untergattungen zu klassifizieren, um zwischen materiellen und immateriellen Ereignissen, zwischen künstlerischen, wissenschaftlichen, politischen oder privaten Ereignissen zu unterscheiden. Allerdings ignoriert ein solcher Ansatz das grundlegende Merkmal eines Ereignisses: das überraschende Auftreten von etwas Neuem, das jegliches stabiles Schema unterläuft. Die einzig angemessene Lösung ist demnach, sich Ereignissen in einer ereignishaften Weise zu nähern: von einem zum anderen Begriff von Ereignis zu streifen, um damit die bestehenden Sackgassen eines jeden zutage zu fördern, so dass unsere Reise durch die Veränderungen der Allgemeinheit selbst führt, um damit – so hoffe ich – dem nahezukommen, was Hegel die »konkrete Allgemeinheit« genannt hat, eine Allgemeinheit, die nicht einfach ein leerer Behälter ihres jeweiligen Inhalts ist, sondern die stattdessen diesen Inhalt aus der Entfaltung ihrer immanenten Antagonismen, Sackgassen und Inkonsistenzen hervorbringt.

Stellen wir uns also vor, wir befänden uns auf einer U-Bahn-Fahrt mit vielen Haltestellen und Verbindungen, bei der jeder Halt für eine mögliche Definition von Ereignis steht. Der erste Halt wird eine Änderung oder eine Auflösung des Rahmens sein, durch den die Realität uns erscheint; der zweite ein religiöser Sündenfall. Darauf folgt ein Symmetriebruch; die buddhistische Erleuchtung; ein Zusammentreffen mit der Wahrheit, die unser normales Leben erschüttert; die Erfahrung des Selbst als rein ereignishaftes Geschehen; die Immanenz der Illusion in der Wahrheit, die die Wahrheit selbst ereignishaft werden lässt; ein Trauma, das die symbolische Ordnung, in der wir uns befinden, aus dem Gleichgewicht bringt; das Aufkommen eines neuen Herrensignifikanten, eines Signifikanten, der das gesamte Feld der Bedeutung strukturiert; die Erfahrung des reinen Fließens von (Un)Sinn; ein radikaler politischer Bruch; und das Ungeschehenmachen eines ereignishaften Ergebnisses. Die Reise wird holperig, aber aufregend, und es wird viele Erklärungen auf dem Weg geben. Beginnen wir also ohne weitere Verzögerung!

Erster Halt – Rahmung, Neurahmung, Gestell

Am 7. September 1944, nach der Invasion der Alliierten in Frankreich, wurden Marschall Philippe Pétain und die Mitglieder seiner Vichy-Regierung von den Deutschen nach Sigmaringen im Süden Deutschlands versetzt. Ein exterritorialer Stadtstaat wurde errichtet, regiert von der französischen Exilregierung, der nominell Fernand de Brinon vorstand. Es gab sogar drei Botschaften innerhalb des Stadtstaats: diejenigen von Deutschland, Italien und Japan. Sigmaringen hatte seine eigenen Radiosender (*Radio-patrie* und *Ici la France*) und seine eigene Presse (*La France*, *Le Petit Parisien*). Die Bevölkerung der Enklave bestand aus etwa 6000 Einwohnern, unter denen sich bekannte kollaborationistische Politiker (Laval), Journalisten und Schriftsteller (Céline, Rebatet), Schauspieler wie Le Vigan, der in Duviviers *Golgatha* von 1935 Christus gespielt hatte, sowie deren Familien und etwa 500 Soldaten, 700 SS-Mitglieder und einige französische Zwangsarbeiter befanden. Der Schauplatz war von höchstem bürokratischen Wahnsinn geprägt: Um den Mythos zu stützen, die Vichy-Regierung sei die einzig legitime Regierung Frankreichs (was von einem rechtlichen Standpunkt aus auch zutraf), lief die Staatsmaschinerie in Sigmaringen weiter und stieß einen unendlichen Fluss an Erklärungen, Gesetzen, Verwaltungsentscheidungen aus, ohne jegliche Konsequenz, wie ein Staatsapparat ohne Staat, der ganz allein funktioniert und in seiner eigenen Fiktion gefangen ist.[1]

Die Philosophie erscheint ihren Common-Sense-Widersachern oftmals als eine Art Sigmaringen der Ideen, das seine unbedeutenden Fiktionen auswirft und vorgibt, dem Publikum Einblicke zu geben, von denen die Zukunft der Menschheit abhängt, während das wahre Leben woanders stattfindet, gleichgültig gegenüber den philosophischen Gigantomachien. Ist die Philosophie tatsächlich ein reines Schattentheater? Ein Pseudo-Ereignis, das ohnmächtig reale Ereignisse imitiert? Was, wenn ihre Kraft genau in ihrem Rückzug aus dem direkten Gefecht läge? Was, wenn sie in ihrer Sigmaringen-Distanz von der unmittelbaren Realität der Ereignisse eine viel tiefere Dimension derselben Ereignisse wahrnehmen könnte, so dass der einzige Weg, uns in der Fülle der Ereignisse zu orientieren, darin läge, durch die Brille der Philosophie zu schauen? Um dies zu beantworten, müssen wir zunächst fragen: Was ist Philosophie in ihrer grundlegenden Bedeutung?

Im Februar 2002 ließ sich Donald Rumsfeld – damals US-Verteidigungsminister – auf etwas amateurhaftes Philosophieren über das Verhältnis zwischen dem Bekannten und dem Unbekannten ein: »Es gibt bekannte Bekannte, Dinge, von denen wir wissen, dass wir sie wissen. Es gibt bekannte Unbekannte, das heißt, es gibt Dinge, von denen wir wissen, dass wir sie nicht wissen. Aber es gibt außerdem unbekannte Unbekannte – die Dinge, von denen wir nicht wissen, dass wir sie nicht wissen.« Die Pointe dieser Übung lag darin, den bevorstehenden Angriff der USA auf Irak zu rechtfertigen: Wir wissen, was wir wissen (beispielsweise, dass Saddam Hussein der Präsident des Irak ist); wir wissen, was wir nicht wissen (wie viele Massenvernichtungswaffen Saddam besitzt); aber es gibt vor allem jene Dinge, von denen wir nicht wissen, dass wir sie nicht wissen – was, wenn

Saddam etwa irgendeine Geheimwaffe besäße, von der wir keine Ahnung haben …

Was Rumsfeld hinzuzufügen vergaß, war der entscheidende vierte Term: die »unbekannten Bekannten«, die Dinge, von denen wir nicht wissen, dass wir sie wissen – was exakt dem freudschen Unbewussten entspricht, »das Wissen, das sich nicht weiß«, wie der französische Psychoanalytiker Jacques Lacan (1901–1981) zu sagen pflegte, dessen Werk ein zentraler Bezugspunkt dieses Buchs ist.[2] (Für Lacan ist das Unbewusste kein prä- bzw. irrationaler Raum der Instinkte, sondern symbolisch artikuliertes Wissen, das dem Subjekt nicht bekannt ist.) Wenn Rumsfeld dachte, dass die Hauptgefahren in der Auseinandersetzung mit Irak in den »unbekannten Unbekannten« lägen, den Bedrohungen durch Saddam, die wir nicht einmal erahnen könnten, hätte unsere Antwort darauf lauten sollen, dass die Hauptgefahren ganz im Gegenteil in den »unbekannten Bekannten« liegen, in den uneingestandenen Glaubenssätzen und Vermutungen, von denen wir nicht einmal selbst wissen, dass wir ihnen anhängen. Diese »unbekannten Bekannten« waren in der Tat der Hauptgrund für die Schwierigkeiten, die die USA im Irak vorfanden, und Rumsfelds Auslassung beweist, dass er kein wahrer Philosoph ist. »Unbekannte Bekannte« sind das bevorzugte Thema der Philosophie – sie bilden den transzendentalen Horizont oder Rahmen unserer Erfahrung von Realität. Erinnern wir uns an den klassischen Topos der frühen Moderne in Bezug auf den Rahmen unseres Verständnisses von Bewegung:

Mittelalterliche Physiker glaubten, dass Bewegung durch einen Impuls verursacht wird. Natürlicherweise befinden sich die Dinge in einem Ruhezustand. Ein Impuls bringt etwas in

Bewegung; aber dann ebbt sie ab und bringt das Objekt dazu, langsamer zu werden und anzuhalten. Etwas, das sich weiter bewegt, muss weiter angeschoben werden, und ein Schub ist etwas, das man fühlen kann. (Das war sogar ein Argument für die Existenz Gottes, denn etwas sehr Großes – wie Gott – musste durch Schub die Himmel in Bewegung halten.) Wenn die Erde sich also bewegt, warum fühlen wir das dann nicht? Kopernikus konnte diese Frage nicht beantworten ... Galilei hatte eine Antwort auf Kopernikus: Einfache Geschwindigkeit wird *nicht* bemerkt, nur Beschleunigung. Die Erde kann sich also bewegen, ohne dass wir es fühlen. Außerdem ändert sich die Geschwindigkeit nicht, bis eine Kraft sie verändert. Das ist die Idee der *Trägheit*, die dann die alte Vorstellung eines Anstoßes ersetzte.[3]

Diese Wende in unserem Verständnis von Bewegung, vom Impuls zur Trägheit, verändert fundamental die Weise, in der wir uns zur Realität ins Verhältnis setzen. Eigentlich ist sie ein Ereignis: In seiner grundlegendsten Definition ist ein Ereignis nicht etwas, das innerhalb der Welt geschieht, sondern es ist *eine Veränderung des Rahmens, durch den wir die Welt wahrnehmen und uns in ihr bewegen*. Ein solcher Rahmen kann manchmal direkt als eine Fiktion vorgestellt werden, die uns dennoch befähigt, die Wahrheit in einer indirekten Art und Weise zu sagen. Ein sympathischer Fall von »Wahrheit, die die Struktur einer Fiktion hat« sind solche Romane oder Filme, in denen ein Stück, das von Schauspielern dargestellt wird (als Teil der Handlung), die amourösen Verwicklungen im Leben der Schauspieler spiegelt. Dies ist z. B. der Fall in dem Film über die Aufführung von *Othello*, in der der Schauspieler, der Othello spielt, wirklich eifersüchtig ist und, als die letzte Szene aufgeführt wird, die Schauspielerin, die Desdemona spielt, tatsächlich erdrosselt. Jane Austens

Mansfield Park liefert ein frühes Beispiel für dieses Vorgehen. Fanny Price, ein junges Mädchen aus einer armen Familie, wird in Mansfield Park von Sir Thomas Bertram großgezogen. Sie wächst mit vier Cousins und Cousinen, Tom, Edmund, Maria und Julia, auf, wird aber schlechter behandelt als diese; allein Edmund ist freundlich zu ihr, und über die Zeit erwächst daraus eine Liebe zwischen beiden. Als die Kinder erwachsen sind, bricht der gestrenge Patriarch für ein Jahr in die Fremde auf. Während dieser Zeit kommen der modische und mondäne Henry Crawford und seine Schwester Mary in die Stadt, was eine Reihe von romantischen Verwicklungen auslöst. Die jungen Leute kommen auf die Idee, ein Stück auf die Bühne zu bringen, *Lovers' Vows*; Edmund und Fanny stellen sich anfangs gegen den Plan, in dem Glauben, Sir Thomas würde es nicht gutheißen. Edmund lässt sich schließlich überreden und übernimmt widerwillig den Part von Anhalt, des Liebhabers der Figur, die von Mary Crawford gespielt wird, allein aus dem Grund, damit die anderen nicht gezwungen sind, einen Fremden für die Rolle suchen zu müssen. Das Stück bietet Mary und Edmund ein Vehikel, um über Liebe und Ehe zu sprechen, und liefert zugleich Henry und Maria einen Vorwand, in der Öffentlichkeit zu flirten. Zur großen Enttäuschung aller kehrt Sir Thomas mitten in einer Probe wieder zurück, worauf der Plan aufgegeben wird.[4] Bis zu diesem Zeitpunkt aber sind wir Zeugen einer vermeintlichen Fiktion, die für eine Realität steht, die niemand zuzugeben bereit ist.

Oft ist es nur einem ähnlichen Perspektivwechsel innerhalb einer Erzählung geschuldet, dass wir erfahren, worum sich die Geschichte eigentlich dreht. Ein viel größeres Meisterwerk noch als das berühmte spätere *WR: Mysterien des Organismus* ist Dušan Makavejevs *Unschuld ohne Schutz* (1968) mit seiner einzigartigen Struktur eines »Films im Film«. Sein Held ist Dragoljub Aleksić, ein alternder serbischer Luftakrobat, der seine Kunststücke an Flugzeugen hängend vorführt und während der deutschen Besatzung in Serbien ein lächerlich sentimentales Melodram in Belgrad mit demselben Titel gedreht hat. Makavejevs Film enthält diesen Film vollständig, fügt Interviews mit Aleksić und andere dokumentarische Aufnahmen hinzu. Der Schlüssel zu dem Film ist das Verhältnis zwischen diesen beiden Ebenen und die Frage, die sie aufwerfen: Wessen Unschuld ist schutzlos? Aleksićs Film antwortet: die des Mädchens, das Aleksić von den Machenschaften ihrer bösen Stiefmutter und dem Mann, den sie nach deren Willen heiraten soll, retten will. Die wahre Antwort ist aber: Die »Unschuld ohne Schutz« ist die von Aleksić selbst, der seine gefährlichen Akrobatikkunststücke bis ins hohe Alter hinein vorführt, für die Kamera posiert, spielt und singt, von den Deutschen, dann von Nachkriegskommunisten schikaniert und schließlich von den Filmzuschauern selbst herabgewürdigt wird, die nicht anders können, als über seine lächerlich naiven Darbietungen zu lachen. Je weiter Makavejevs Film fortschreitet, desto mehr werden wir uns des Pathos von Aleksićs unbedingter Treue gegenüber seiner akrobatischen Mission bewusst. Was kann auf lächerlichere Weise tragisch sein, als einem alten Mann dabei zuzusehen, wie er in seinem Keller mit den Zähnen an einer Kette hängt und seinen Körper für die Kamera daran schwingen lässt? Setzt er sich nicht auf diese Art dem öffentlichen Blick in all seiner Unschuld aus, ohne über die Mittel zu verfügen, sich vor dem Spott des Publikums zu schützen? Die Veränderung in unserer Perspektive, wenn wir uns bewusst werden, dass die eigentliche Unschuld, die geschützt werden muss, diejenige

Aleksićs ist, obwohl er angeblich unser Held ist, ist das ereignishafte Moment des Films. Es ist die Zurschaustellung
der Realität, die sich niemand eingestehen möchte, die sich
aber nun als unabweislich darstellt und das Spielfeld verändert hat.

In Hollywood ist die Mutter aller Rahmen natürlich das
Zusammenfinden eines Paares. Die englische Wikipedia
beschreibt die letzte Szene von Spielbergs Science-Fiction-
Thriller *Super 8*: »das Raumschiff fliegt ins All. Händchen-
haltend und ruhig schauen Alice und Joe voller Staunen
dem Start zu.« Das Paar findet zusammen – wird hervorgebracht –, sobald das Ding, das Lacan das »traumatische
Dritte« nennen würde und das als das zwiespältige Hindernis in der Erschaffung des Paares gedient hat, endlich besiegt ist und verschwindet. Die Rolle des Hindernisses ist
zwiespältig, weil es zwar unheilvoll sein kann, trotzdem
aber notwendig ist, um das Paar überhaupt zusammenzubringen; es ist die Herausforderung, die sie annehmen,
oder das Hindernis, das sie überwinden müssen, um heraus-
zufinden, dass sie zusammen sein möchten.[5]

Wie können wir diesen Erzählrahmen unterlaufen, der
das Zusammentreffen mit einem Ding der Herstellung eines Paares unterordnet? Nehmen wir Stanisław Lems klassischen Science-Fiction-Roman *Solaris* und die Verfilmung
von Andrei Tarkowski aus dem Jahr 1972. *Solaris* erzählt
die Geschichte eines Raumfahrtpsychologen, Kelvin, der zu
einem halbverlassenen Raumschiff gesandt wird, das sich
oberhalb eines neuentdeckten Planeten befindet, Solaris,
wo sich in der jüngeren Zeit seltsame Dinge ereignet haben
(Wissenschaftler werden wahnsinnig, halluzinieren, töten
sich selbst). Solaris ist ein Planet mit einer ozeanisch-flüssi-
gen Oberfläche, die sich unablässig bewegt und von Zeit zu

Zeit erkennbare Formen imitiert – nicht nur elaborierte geometrische Strukturen, sondern auch riesige Kinderkörper oder ganze Gebäude. Obwohl alle Versuche, mit dem Planeten zu kommunizieren, scheitern, halten Wissenschaftler die Hypothese aufrecht, dass Solaris ein gigantisches Gehirn sei, das unsere Gedanken lesen kann. Kurz nach seiner Ankunft findet Kelvin seine verstorbene Frau, Harey, neben sich im Bett liegend; sie hatte sich umgebracht, nachdem er sie verlassen hatte. Er ist nicht in der Lage, Harey abzuschütteln, alle seine Versuche, sie loszuwerden, scheitern kläglich (nachdem er sie mit einer Rakete in den Weltraum geschickt hat, erscheint sie am nächsten Tag wieder). Bei der Analyse ihres Gewebes erweist sich, dass sie nicht wie normale Menschen aus Atomen zusammengesetzt ist; unterhalb einer gewissen Mikroebene ist dort nichts, nur Leere. Schließlich begreift Kelvin, dass Solaris, dieses gigantische Gehirn, unmittelbar die innersten Phantasien materialisiert, die unser Begehren tragen; es ist eine Maschine, die mein endgültiges phantasmatisches Objekt in der Realität materialisiert, was ich in Wirklichkeit niemals tolerieren könnte, obwohl mein gesamtes psychisches Leben darum kreist. Harey ist eine Materialisierung von Kelvins innersten traumatischen Phantasien.

In dieser Weise verstanden, handelt die Geschichte von der inneren Reise des Helden, von seinem Versuch, sich mit seiner unterdrückten Wahrheit ins Benehmen zu setzen, oder wie Tarkowski selbst formulierte: »Vielleicht hat Kelvins Mission auf Solaris in Wirklichkeit nur ein Ziel: zu zeigen, dass die Liebe des anderen unabdingbar für alles Leben ist. Ein Mensch ohne Liebe ist kein Mensch. Das Ziel der ganzen ›Solaristik‹ ist zu zeigen, dass Menschsein Liebe sein muss.« In klarem Kontrast dazu konzentriert sich Lems

Roman auf die träge externe Anwesenheit des Planeten Solaris, dieses »Dings, welches denkt« (um Kants Ausdruck zu
verwenden, der sich hier perfekt einfügt): Der springende
Punkt des Romans ist genau, dass Solaris ein undurchdring-
licher Anderer bleibt, mit dem uns keine Kommunikation
möglich ist. Tatsächlich gibt es uns unsere innersten uneingestandenen Phantasien zurück, aber das »Was willst Du?«
hinter der Handlung bleibt sorgfältig verborgen (Warum tut
es das? Als eine rein mechanische Antwort? Um dämonische
Spiele mit uns zu spielen? Um dabei zu helfen – oder uns
dazu aufzufordern –, uns mit der uneingestandenen Wahrheit zu konfrontieren?). Es wäre interessant, Tarkowskis Arbeit mit den kommerziellen Hollywood-Neufassungen von
Romanen zu vergleichen, die als Grundlage für Filme gedient haben: Tarkowski unternimmt genau dasselbe wie der
billigste Hollywood-Produzent, der das rätselhafte Zusammentreffen mit der Andersheit, dem Ding, in die Rahmen-
handlung der Herstellung eines Paares wiedereinschreibt.

Der Weg, aus dem Hollywood-Rahmen auszubrechen,
liegt folglich nicht darin, das Ding einfach als Metapher für
familiäre Spannungen zu verwenden, sondern es in seiner
Bedeutungslosigkeit und undurchdringlichen Anwesenheit
zu akzeptieren. Dies geschieht in Lars von Triers Film *Melancholia* (2011), der eine interessante Umkehrung der klassischen Formel eines Objekt-Dings (ein Asteroid, ein Außer-
irdischer) inszeniert, das als Hindernis in der Herstellung
des Paares dient. Am Ende des Films zieht sich das Ding (ein
Planet auf Kollisionskurs mit der Erde) nicht zurück wie in
Super 8; es schlägt auf der Erde ein, zerstört alles Leben, und
der Film handelt von verschiedenen Arten, wie die Hauptfiguren mit der drohenden Katastrophe umgehen – mit
Reaktionen, die von Selbstmord bis zum zynischen Einver-

ständnis reichen. Der Planet ist also *das Ding* in Reinform, wie Heidegger es nennen würde: das reale Ding, das jeglichen symbolischen Rahmen auflöst; wir sehen es, es ist unser Tod, und wir können nichts unternehmen.[6] Der Film beginnt mit einer Eröffnungssequenz in Zeitlupe, in der die Hauptfiguren und Bilder aus dem Weltraum sich vermischen und die visuellen Motive eingeführt werden. Eine Aufnahme von einem Aussichtspunkt aus dem Weltraum zeigt einen gigantischen Planeten, der sich der Erde nähert; sie stoßen zusammen. Der Film setzt sich in zwei Teilen fort, jeweils nach einer von zwei Schwestern benannt: Justine und Claire.

Der erste Teil, »Justine«, zeigt ein junges Paar, Justine und Michael, bei ihrem Hochzeitsempfang auf dem Anwesen von Justines Schwester Claire und ihrem Ehemann John. Der aufwendige Empfang dauert von morgens früh bis in die Nacht mit Essen, Trinken, Tanzen und den üblichen familiären Konflikten (Justines verbitterte Mutter macht sarkastische und verletzende Kommentare, die mit Johns Versuch, sie vor die Tür zu setzen, enden; Justines Chef verfolgt und bekniet sie, einen Werbetext für ihn zu verfassen). Justine zieht sich nach und nach von der Party zurück und distanziert sich; sie hat Sex mit einem Fremden auf dem Rasen, und am Ende der Party verlässt Michael sie.

Im zweiten Teil, »Claire«, zieht die kranke, depressive Justine bei Claire, John und deren Sohn Leo ein. Obwohl Justine nicht in der Lage ist, normale alltägliche Dinge zu verrichten, wie ein Bad zu nehmen oder sogar zu essen, stabilisiert sie sich mit der Zeit. Während ihres Aufenthalts wird Melancholia sichtbar, ein enormer blauer, der Erde ähnlicher Planet, der hinter der Sonne versteckt gewesen war, und nähert sich der Erde. John, ein Amateurastronom, ist aufgeregt wegen des Planeten und freut sich auf den »Fly-by«, den die Wissenschaftler erwarten, die der Öffentlichkeit versichert haben, dass Erde und Melancholia aneinander vorbeiziehen werden, ohne zu kollidieren. Aber Claire hat Angst und glaubt, das Ende der Welt sei nahe. Im Internet findet sie eine Seite, die die Bewegungen von Melancholia um die Erde herum als »Todestanz« beschreibt, mit denen das mutmaßliche Vorbeiziehen Melancholias an der Erde eine Schwerkraftumlenkung bewirken wird, die die Planeten kurz darauf kollidieren lassen. In der Nacht des Vorbeiflugs scheint es, dass Melancholia die Erde nicht treffen wird; dennoch verstummen die Vogelgesänge abrupt, und am nächsten Tag bemerkt Claire, dass Melancholia zurückkommt und doch mit der Erde zusammenstoßen wird. John, der ebenfalls entdeckt, dass das Ende naht, begeht mittels einer Überdosis Tabletten Selbstmord. Claire wird immer unruhiger, während Justine vollkommen unbeeindruckt von dem bevorstehenden Weltuntergang erscheint: Ruhig und still akzeptiert sie das nahende Ereignis und behauptet zu wissen, dass nirgendwo sonst im Universum Leben existiere. Sie tröstet Leo, indem sie eine schützende »Zauberhöhle« baut, eine symbolische Zuflucht aus Zweigen im Garten des Anwesens. Justine, Claire und Leo ziehen sich in das Häuschen zurück, als sich der Planet nähert. Claire ist weiterhin nervös und ängstlich, während Justine und Leo ruhig bleiben und einander an den Händen halten. Alle drei verbrennen sofort, als sich der Zusammenstoß ereignet und die Erde zerstört.

In diese Erzählung sind zahlreiche einfallsreiche Details eingestreut. Um Claire zu beruhigen, schlägt John ihr vor, durch eine Drahtschlinge auf Melancholia zu schauen, die genau seine kreisförmige Gestalt umfasst und damit einrahmt, und dieses Procedere zehn Minuten später zu wiederholen, wobei sie feststellen wird, dass die Form kleiner geworden ist und Lücken in der Einrahmung hinterlässt – als Beweis dafür, dass sich Melancholia von der Erde entfernt. Sie tut es und jubelt, als sie die kleiner gewordenen Umrisse sieht. Als sie aber einige Stunden später durch denselben Rahmen auf Melancholia schaut, ist sie entsetzt, als sie bemerkt, dass die Umrisse des Planeten sich weit über den Rahmen der Drahtschlinge ausgedehnt haben. Der Kreis ist der Kreis der Phantasie, der die Realität einrahmt, und der Schock setzt ein, als das Ding hindurchbricht und sich in die Realität ergießt. Es gibt auch wunderbare Detailaufnahmen von Verwirrungen, die sich in der Natur ereignen, als sich Melancholia der Erde nähert: Insekten, Würmer, Raupen und andere abstoßende Geschöpfe, die normalerweise unter grünem Gras versteckt sind, kommen an die Oberfläche und machen das abstoßende Kriechen des Lebens unter der idyllischen Oberfläche sichtbar – das Reale, das in die Realität einfällt und ihr Bild ruiniert. (Das ist in David Lynchs *Blue Velvet* ähnlich, wo in einer berühmten Einstellung nach dem Herzinfarkt des Vaters die Kamera äußerst nah an die Grasoberfläche heranfährt, dann in sie eindringt und das Krabbeln ihres Mikrolebens, das abstoßende Reale unter ihrer idyllischen Vorortoberfläche, sichtbar werden lässt.)[7]

Die Idee zu *Melancholia* entstand in einer Therapiesitzung, die von Trier während einer Behandlung wegen Depression besuchte: Der Psychiater erzählte ihm, dass depressive Menschen dazu tendieren, ruhiger zu handeln als andere, wenn sie unter Druck oder der Bedrohung durch eine Katastrophe stehen – sie erwarten immer schon, dass das Schlimmste geschehen wird. Diese Tatsache bietet ein weiteres Beispiel für den Spalt zwischen Realität – dem sozialen Universum etablierter Gewohnheiten und Meinungen, in dem wir leben – und der traumatischen, bedeutungslosen Brutalität des Realen: Im Film ist John ein »Realist«, ganz und gar in der normalen Realität verankert, so dass, als die Koordinaten dieser Realität sich auflösen, seine ganze Welt zusammenbricht. Claire ist eine Hysterikerin, die in ihrer Panik alles zu hinterfragen beginnt, aber nichtsdestoweniger den vollständigen psychotischen Zusammenbruch vermeiden kann. Und die depressive Justine macht genauso weiter wie immer, denn sie lebt bereits in einem melancholischen Rückzug von der Realität.

Der Film fächert vier subjektive Haltungen gegenüber diesem endgültigen Ereignis (des Planeten, der die Erde trifft) auf, wie Lacan sie verstehen würde. John, der Ehemann, ist die Verkörperung des *Universitätswissens*, das in der Begegnung mit dem Realen zusammenbricht; Leo, der Sohn, ist die engelhafte *Objekt-Ursache des Begehrens* für die anderen drei; Claire ist die *hysterische* Frau, das einzige volle Subjekt des Films (insofern als Subjektivität Zweifel, Hinterfragen, Inkonsistenz bedeutet); und dies lässt überraschenderweise für Justine nur die Position des *Herren* übrig, desjenigen, der eine Situation von Panik und Chaos zu stabilisieren vermag, indem er einen neuen Herrensignifikanten einführt, der Ordnung in eine verworrene Situation bringt und ihr die Stabilität von Bedeutung verleiht. Ihr Herrensignifikant ist die »Zauberhöhle«, die sie baut, um einen geschützten Ort zu haben, wenn das Ding sich nähert. Wir sollten hier allerdings vorsichtig sein: Justine ist kein schützender Herr, der eine schöne Lüge zur Verfügung stellt – in anderen Worten: Sie ist keine Roberto-Benigni-Figur wie in *Das Leben ist schön*.[8] Was sie bereitstellt, ist eine symbolische Fiktion, die selbstverständlich keine magische Wirkung hat, die aber auf der

Ebene der Panikvermeidung funktioniert. Justines Ansatz ist es, uns nicht angesichts der nahenden Katastrophe zu blenden: Die »Zauberhöhle« befähigt uns, das Ende freudig hinzunehmen. Darin liegt nichts Krankhaftes; ein solches Hinnehmen ist im Gegenteil der notwendige Hintergrund für konkretes soziales Engagement.[9] Justine ist demnach die Einzige, die in der Lage ist, eine angemessene Antwort auf die bevorstehende Katastrophe und die vollkommene Auslöschung eines jeden symbolischen Rahmens zu geben.

Um dieses Hinnehmen eines solchen radikalen Endes in angemessener Weise zu erfassen, sollten wir einen Vergleich zwischen von Triers *Melancholia* und Terrence Malicks *The Tree of Life* (der im selben Jahr erschien) wagen. Die Geschichte beider Filme impliziert dieselben zwei Ebenen: Familientrauma vs. kosmische Katastrophe. Obwohl man von der exzessiven Pseudospiritualität des Films nur abgestoßen sein kann, enthält *The Tree of Life* dennoch einige interessante Momente.[10] Er beginnt mit einer Zeile aus dem Buch Hiob, Gottes Antwort auf Hiobs Klage, warum ihm all die Missgeschicke zugestoßen sind: »Wo warst du, da ich die Erde gründete, (...) da mich die Morgensterne miteinander lobeten?« (38:4,7) Diese Zeilen beziehen sich natürlich auf die Familie O'Brien, die sich in einer ähnlichen Position wie Hiob befindet und eine unverdiente Katastrophe erleidet: Am Anfang von *The Tree of Life* erhält Mrs O'Brien ein Telegramm, das sie über den Tod ihres neunzehnjährigen Sohns RL informiert. Mr O'Brien wird ebenfalls informiert, während er sich auf einem Flughafen befindet, und die Familie wird in großes Leid gestürzt. Wie sollen wir die Reihe rhetorischer Fragen verstehen, die Gott als Antwort auf Hiobs Frage anbietet, warum ihm die Missgeschicke zugestoßen sind? Wie sollen wir die Tragödie verstehen, die

die O'Briens ereilt? In seiner Rezension des Films weist David Wolpe auf die Zweideutigkeit von Gottes Antwort hin:

> Gottes Aufzählung der Naturwunder kann auf zwei Arten verstanden werden. Eine Möglichkeit ist, dass die Größe der natürlichen Welt in ihrer erbarmungslosen Gleichgültigkeit nichts mit den Belangen der Menschen zu tun hat. Der Wüste ist es gleich, ob du betest, und der schnelle Wasserfall wird nicht aus Mitleid anhalten. Die Natur zeigt uns ihr nacktes, großes Gesicht, und wir sind nichts. Tatsächlich widerruft Hiob seinen Protest und erklärt »wie Staub und Asche bin ich geworden«. ... Aber nach und nach sehen wir, dass jedes Bild, von der Zelle zum Kosmos, nicht nur groß, sondern auch schön ist. Die zweite Hälfte von Hiobs Zitat, dass ihn die Morgensterne miteinander lobeten, erinnert uns daran, dass die Würdigung von Wunder und Schönheit ebenfalls möglich ist. Wir mögen unser Ego in der Gleichgültigkeit der Natur verlieren, aber wir können es auch in der Großartigkeit der Natur verlieren. Betrachten wir die Welt als herzlos oder als erhaben? Das Drama unseres Lebens und Todes ist flüchtig, aber es wird auf einer Bühne von einzigartigem Wunder gespielt.[11]

Die radikalste Lesart Hiobs wurde in den 1930er Jahren von dem norwegischen Theologen Peter Wessel Zappfe vorgeschlagen, der Hiobs »grenzenlose Verwirrung« hervorhob, als Gott ihm endlich erscheint: Während er einen heiligen und reinen Gott erwartet, dessen Intellekt unserem unendlich überlegen ist, »sieht sich Hiob mit einem Weltenherrscher von grotesker Primitivität konfrontiert, einem kosmischen Höhlenbewohner, einem Aufschneider und Polterer, fast liebenswürdig in seiner vollständigen Unkenntnis spiritueller Kultur ... Was für Hiob neu ist, ist gerade nicht Gottes Größe in quantifizierbaren Begriffen;

das wusste er bereits vorher ...; neu ist die qualitative Niedrigkeit.«[12] In anderen Worten ist Gott – der Gott des Realen – *das Ding*, ein launischer, grausamer Herr, der schlicht keinen Sinn für universale Gerechtigkeit hat. Wo steht nun aber *The Tree of Life* in Bezug auf diese Lesart?

Malick verlässt sich auf die Verbindung von Trauma und Phantasie: Eine mögliche Reaktion auf das Trauma ist die Flucht in die Phantasie, d.h. eine Welt an sich zu imaginieren, die sich außerhalb unseres subjektiven Horizonts befindet. Er zeigt uns das Universum, wie es geformt wird, einschließlich der Milchstraße und des Sonnensystems. Stimmen stellen verschiedene existentielle Fragen. Auf der neu geformten Erde brechen Vulkane aus und Mikroben beginnen sich zu bilden. Das frühe Meeresleben wird gezeigt, dann die Pflanzen an Land, dann Dinosaurier. Aus dem Blickwinkel des Weltraums sieht man einen Asteroiden, der in die Erde einschlägt ... Diese Logik hat jüngst ihren Höhepunkt erreicht in Alan Weismans Buch *Die Welt ohne uns. Reise über eine unbevölkerte Erde*, eine Vision dessen, was geschehen wäre, wenn die Menschheit (und nur die Menschheit) plötzlich vom Erdboden verschwunden wäre – die Artenvielfalt würde wieder aufblühen, die Natur allmählich menschliche Artefakte überwuchern. Indem die Welt ohne uns Menschen vorgestellt wird, werden wir auf den reinen körperlosen Blick reduziert, der unsere Abwesenheit beobachtet, und dies ist, wie Lacan hervorgehoben hat, die grundlegende Subjektposition der Phantasie: die Welt unter der Maßgabe der Nicht-Existenz des Subjekts zu beobachten (die Phantasie, den Akt der eigenen Zeugung zu erleben, die elterliche Kopulation, oder Zeuge des eigenen Begräbnisses zu sein, wie Tom Sawyer und Huck Finn). *Die Welt ohne uns* ist folglich die Phantasie in Reinform: die Erde in ihrem Zustand vorkastrierter Reinheit zu erleben, bevor wir Menschen sie mit unserer Hybris verdorben haben.

Während also *The Tree of Life* sich in eine ähnliche kosmische Phantasie einer Welt ohne uns flüchtet, unternimmt *Melancholia* etwas anderes. Der Film stellt sich nicht das Ende der Welt vor, um aus einer familiären Sackgasse zu entkommen: Justine ist in Wirklichkeit melancholisch, des phantasmatischen Blicks beraubt. D.h. Melancholie ist, in ihrer radikalsten Form, nicht das Versagen der Trauerarbeit, die fortdauernde Bindung an das verlorene Objekt, sondern ganz im Gegenteil »(stellt) die Melancholie das Paradox einer Trauerintention (dar), die dem Objektverlust vorausgreift und diesen antizipiert«.[13] Darin liegt die List der Melancholie: Der einzige Weg, ein Objekt zu besitzen, das wir nie hatten, das von Anfang an verloren war, ist es, ein Objekt, das wir noch vollkommen besitzen, als bereits verloren zu behandeln. Dies verleiht einer melancholischen Liebesbeziehung eine einzigartige Würze, wie im Fall von Newland und Gräfin Olenska in Edith Whartons *Zeit der Unschuld*: Obwohl die Partner noch zusammen sind, sich lieben und die Gegenwart des anderen genießen, liegt bereits der Schatten der künftigen Trennung auf der Beziehung, so dass sie ihre gegenwärtigen Freuden unter den Vorzeichen der bevorstehenden Katastrophe (Trennung) wahrnehmen. In genau diesem Sinne ist die Melancholie tatsächlich der Beginn der Philosophie – und in genau diesem Sinne ist Justine aus *Melancholia* nicht melancholisch: Ihr Verlust ist ein absoluter Verlust, das Ende der Welt, und was Justine im Voraus betrauert, ist dieser absolute Verlust. Als die Katastrophe die Drohung einer Katastrophe war, war sie nur eine depressive Melancholikerin; als die Drohung wahr wird, ist sie in ihrem Element.

Und hier erreichen wir die Grenzen des *Ereignisses als Neurahmung*: In *Melancholia* ist das Ereignis nicht mehr ein reiner Rahmen*wechsel*, es ist die *Zerstörung des Rahmens an sich*, d. h. das Verschwinden der Menschheit, die materielle Basis eines jeden Rahmens. Aber ist eine solche vollständige Zerstörung der einzige Weg, eine Distanz zum Rahmen zu gewinnen, der unseren Zugang zur Realität regelt? Der psychoanalytische Name dieses Rahmens ist Phantasie, man kann die Frage also in den Begriffen von Phantasie stellen: Können wir eine Distanz zu unserer grundlegenden Phantasie gewinnen oder, wie Lacan es formuliert: Können wir unsere Phantasie durchqueren?

Der Begriff der Phantasie muss hier noch weiter entwickelt werden. Unser Allgemeinwissen sagt uns, dass wir, gleich, was wir tun, der Psychoanalyse zufolge insgeheim immer an DAS EINE denken. Sex ist die universelle versteckte Referenz, die sich hinter jeder Handlung verbirgt. Allerdings ist die eigentliche freudsche Frage: Was tun wir, wenn wir DAS EINE tatsächlich tun? Es ist der reale Sex, der, um genießbar zu sein, von irgendeiner Phantasie gestützt werden muss. Die Logik ist dieselbe wie die des Stammes amerikanischer Ureinwohner, dessen Mitglieder entdeckt haben, dass alle Träume eine verborgene sexuelle Bedeutung haben – alle, *bis auf die offen sexuellen*: genau hier muss man nach einer anderen Bedeutung suchen. Jeder Kontakt mit einem »realen« Anderen aus Fleisch und Blut, jeder sexuelle Genuss, den wir darin finden, einen anderen Menschen zu berühren, ist keinesfalls etwas Offensichtliches, sondern etwas in sich Traumatisches – erschütternd, aufdringlich, potentiell ekelerregend – für das Subjekt, etwas, das wir nur deshalb ertragen können, weil dieser Andere sich in den Phantasierahmen des Subjekts fügt.

Was ist also Phantasie? Phantasie setzt nicht einfach ein Begehren auf halluzinatorische Art und Weise um; vielmehr konstituiert sie unser Begehren, stellt seine Koordinaten zur Verfügung – es lehrt uns im wörtlichen Sinne zu begehren. Um es in vereinfachter Weise auszudrücken: Phantasie bedeutet nicht, dass ich, wenn es mich nach einem Erdbeerkuchen verlangt und ich ihn nicht bekommen kann, ich davon phantasiere, ihn zu essen. Das Problem ist vielmehr: *Wie kann ich überhaupt wissen, dass ich einen Erdbeerkuchen begehre? Das* ist es, was die Phantasie mir verrät. Diese Rolle der Phantasie hängt von der Tatsache ab, wie Lacan sagen würde, dass es keine universelle Formel oder Matrix gibt, die eine harmonische sexuelle Beziehung mit einem Partner garantiert: Jedes Subjekt muss seine/ihre eigene Phantasie erfinden, eine »private« Formel für die sexuelle Beziehung.

Das Thema der Phantasie, die eine sexuelle Beziehung stützt, nimmt eine verrückte Wendung in Ernst Lubitschs *Broken Lullaby* (1932; dt. *Der Mann, den sein Gewissen trieb*). Der Originaltitel des Films, *The Man I Killed*, wurde zunächst in *The Fifth Commandment* geändert, um einem »falschen Eindruck über die Art der Geschichte in den Köpfen des Publikums« vorzubeugen. Von der Erinnerung an Walter Holderlin verfolgt, einen Soldaten, den er während des Ersten Weltkriegs getötet hat, reist der französische Musiker Paul Renard nach Deutschland, um dessen Familie zu finden, indem er die Adresse verwendet, die er auf einem Briefumschlag in der Tasche des Toten gefunden hat. Da aber noch immer antifranzösische Ressentiments in Deutschland herrschen, weigert sich Dr. Holderlin zunächst, Paul bei sich zu empfangen, ändert dann aber seine Meinung, als ihn die Verlobte des Toten, Elsa, als denjenigen identifiziert, der Blumen an Walters Grab gebracht hat. Anstatt die reale Verbindung zwischen ihnen zu offenbaren, erzählt Paul den Holderlins, er sei ein Freund des Sohns aus dem Konservatorium. Obwohl feindselige Bewohner und der lokale Klatsch sich dagegenstellen, freunden sich die Holderlins mit Paul an, der sich schließlich in Elsa verliebt. Als diese Paul das Schlafzimmer ihres einstigen Verlobten zeigt, ist er verzweifelt und gesteht ihr die Wahrheit. Sie überzeugt ihn davon, Walters Eltern nichts zu sagen, die ihn als ihren zweiten Sohn ins Herz geschlossen haben. Paul erklärt sich einverstanden, sein Gewissen zu überhören, und bleibt bei seiner Adoptivfamilie. Dr. Holderlin präsentiert Paul Walters Geige, und in der letzten Szene spielt Paul Geige, während Elsa ihn auf dem Klavier begleitet, unter den liebenden elterlichen Blicken … Es verwundert nicht, dass die Filmkritikerin Pauline Kael den Film verriss mit dem Hinweis, dass Lubitsch »langweiligen, sentimentalen Quatsch mit ironischer, poetischer Tragödie verwechselt hat«.[14] Es gibt hier tatsächlich etwas Verstörendes, ein seltsames Schwanken zwischen poetischem Melodram und obszönem Humor. Das Paar (das Mädchen und der Mörder ihres früheren Verlobten) ist glücklich vereint unter dem schützenden Blick der Eltern des toten Verlobten – und es ist dieser Blick, der den phantasmatischen Rahmen für ihre Beziehung zur Verfügung stellt.

Insofern die Phantasie den Rahmen bereitstellt, der uns befähigt, das Reale unseres Lebens als ein bedeutungsvolles Ganzes zu erfahren, kann die Auflösung der Phantasie zerstörerische Konsequenzen haben. Der Verlust des phantasmatischen Rahmens wird häufig inmitten von intensiver sexueller Aktivität erlebt – man ist leidenschaftlich im Akt, und plötzlich, als verlöre man gewissermaßen den Kontakt, klinkt man sich aus, betrachtet sich selbst mit einem Mal von außen und wird sich des mechanistischen Unsinns der eigenen repetitiven Bewegungen bewusst. In solchen Momenten löst sich der phantasmatische Rahmen auf, der die Intensität der Lust gestützt hatte, und wir werden mit dem grotesken Realen der Kopulation konfrontiert.[15]

Worauf die Psychoanalyse abzielt, ist nicht die Auflösung der Phantasie, sondern etwas Anderes und viel Radikaleres: das *Durchqueren* der Phantasie. Und obwohl es so erscheinen mag, dass die Psychoanalyse uns von unserem Festhalten an idiosynkratischen Phantasien befreien und uns befähigen sollte, uns mit der Realität, wie sie ist, auseinanderzusetzen, ist es genau das *nicht*, woran Lacan gedacht hat: Die Phantasie zu durchqueren bedeutet nicht, sich einfach außerhalb der Phantasie zu begeben, sondern ihre Grundlagen zu erschüttern, ihre Inkonsistenz zu akzeptieren. In unserer alltäglichen Existenz sind wir von »Realität« umgeben, die von der Phantasie strukturiert und unterstützt wird, aber eben dieses Umgebensein macht uns blind gegenüber dem Phantasierahmen, der unseren Zugang zur Realität stützt. Die »Phantasie zu durchqueren« bedeutet paradoxerweise, *sich mit der Phantasie vollkommen zu identifizieren*, die Phantasie zum Vorschein zu bringen – wie Richard Boothby prägnant formuliert:

> Die Phantasie zu durchqueren, bedeutet folglich nicht, dass das Subjekt irgendwie seine Verstrickung in phantasievolle Launen aufgibt und sich selbst in einer pragmatischen »Realität« einrichtet, sondern genau das Gegenteil: Das Subjekt ist demjenigen Effekt des symbolischen Mangels unterworfen, der die Grenze der alltäglichen Realität enthüllt. Die Phantasie im lacanschen Sinne zu durchqueren, bedeutet, von ihr mehr denn je in Anspruch genommen zu sein, in dem Sin-

ne, dass man sich in eine noch intimere Beziehung mit dem realen Kern der Phantasie begibt, die über das Imaginieren hinausgeht.[16]

Wie sollen wir das Paradox des Durchquerens der Phantasie mittels der Überidentifikation mit ihr verstehen? Nehmen wir einen Umweg über zwei beispielhafte Filme: Neil Jordans *The Crying Game* (1992) und David Cronenbergs *M. Butterfly* (1993). Trotz ihrer grundverschiedenen Figuren erzählen beide Filme die Geschichte von Männern, die sich leidenschaftlich in eine schöne Frau verlieben, die sich am Ende als ein als Frau verkleideter Mann erweist (der Transvestit in *The Crying Game*, der Opernsänger in *M. Butterfly*); die zentrale Szene beider Filme ist die traumatische Konfrontation der Männer mit der Tatsache, dass das Liebesobjekt ebenfalls ein Mann ist. Hier erwartet uns natürlich ein offensichtlicher Einwand: Bietet *M. Butterfly* nicht ein tragikomisches wirres Bündel an männlichen Phantasien über Frauen statt einer echten Beziehung mit einer Frau? Die gesamte Handlung des Films spielt unter Männern. Maskiert nicht die groteske Unglaubwürdigkeit des Plots (und verweist dabei zugleich auf) die Tatsache, dass wir es hier mit einem Fall von homosexueller Liebe für den Transvestiten zu tun haben? Der Film ist einfach unehrlich und verweigert es, diese offensichtliche Tatsache zuzugeben. Diese Überlegung geht dennoch am wahren Rätsel von *M. Butterfly* (und von *The Crying Game*) vorbei: Wie kann eine hoffnungslose Liebe zwischen einem Helden und seinem Partner, einem als Frau verkleideten Mann, den Begriff von heterosexueller Liebe viel authentischer verkörpern als eine »normale« Beziehung mit einer Frau? Oder, mit Blick auf *The Crying Game*: Warum ist die Begegnung mit dem Körper des Liebhabers so traumatisch? Nicht weil das Subjekt etwas Fremdes findet, sondern weil es mit dem Phantasiekern konfrontiert wird, der sein Begehren aufrechterhält. Die »heterosexuelle« Liebe zu einer Frau ist tatsächlich homosexuell und wird von der Phantasie aufrechterhalten, dass die Frau ein Mann ist, der als Frau verkleidet ist. Hier können wir sehen, was es bedeutet, die Phantasie zu durchqueren: nicht hindurchzusehen und die Realität als durch sie getrübt wahrzunehmen, sondern die Phantasie direkt als solche zu konfrontieren. Sobald wir dies tun, ist ihr Zugriff auf uns aufgehoben – warum? Weil die Phantasie nur solange operativ bleibt, als sie als transparenter Hintergrund unserer Erfahrung fungiert – die Phantasie ist wie ein schmutziges, intimes Geheimnis, das die öffentliche Ausstellung nicht überleben kann.

Dies führt uns zu Heidegger: Wenn Heidegger über das »Wesen der Technik« spricht, denkt er an etwas wie den Rahmen einer grundlegenden Phantasie, die, als transparenter Hintergrund, die Art und Weise strukturiert, in der wir uns zur Realität in Beziehung setzen. *Gestell*, Heideggers Wort für das Wesen der Technik, wird für gewöhnlich ins Englische als »enframing« (Einrahmung) übersetzt. In ihrer radikalsten Variante bezeichnet Technik nicht ein komplexes Netzwerk aus Maschinen und Aktivitäten, sondern eine *Haltung zur Realität*, die wir annehmen, wenn wir in solche Aktivitäten verwickelt sind: Technik ist die Art und Weise, in der sich uns die Realität selbst in der heutigen Zeit enthüllt. Das Paradox der Technik als abschließendes Moment westlicher Metaphysik liegt darin, dass sie eine Art der Rahmung ist, die eine Gefahr für die Rahmung selbst birgt: Der auf ein Objekt technischer Manipulation reduzierte Mensch ist nicht mehr eigentlich menschlich; er verliert genau das

Merkmal, ekstatisch für die Realität offen zu sein. Dennoch enthält diese Gefahr auch das Potential für die Rettung: In dem Moment, in dem wir uns bewusst werden und die Tatsache annehmen, dass die Technik selbst in ihrer Essenz eine Art der Rahmung ist, überwinden wir sie – dies ist Heideggers Version des Durchquerens der Phantasie.

Und dies führt uns schließlich zu Heideggers Begriff des Ereignisses: Für ihn hat es nichts zu tun mit Prozessen, die in der Realität stattfinden. Ereignis bezeichnet eine neue epochale Enthüllung des Seins, die Entstehung einer neuen »Welt« (eines Bedeutungshorizonts, in dem alle Wesen erscheinen). Die Katastrophe geschieht also vor dem (F)Akt: Die Katastrophe ist nicht die atomare Selbstzerstörung der Menschheit, sondern das Verhältnis zur Natur, das sich auf ihre technowissenschaftliche Ausbeutung reduziert. Die Katastrophe ist nicht unser ökologischer Ruin, sondern der Verlust der heimatlichen Wurzeln, der die gnadenlose Ausbeutung der Erde überhaupt erst ermöglicht. Die Katastrophe ist nicht, dass wir auf biogenetisch manipulierte Automaten reduziert werden, sondern genau der Ansatz, der diese Sichtweise möglich macht. Selbst die Möglichkeit vollständiger Selbstzerstörung ist nur eine Konsequenz unseres Verhältnisses zur Natur als einer Ansammlung von Objekten zur technologischen Ausbeutung. Dies führt uns zu unserem nächsten Halt: vom Ereignis als Rahmung – als einem Wechsel in unserem Verhältnis zur Realität – zum Ereignis als radikale Veränderung dieser Realität selbst.

Zweiter Halt – *Felix Culpa*

In Platons vermutlich bedeutendstem Dialog, *Parmenides*, stellt Parmenides eine Frage, die Sokrates verwirrt und dazu zwingt, seine eigenen Grenzen zu akzeptieren: Gibt es auch Ideen der niedrigsten materiellen Dinge, Ideen der Scheiße, des Staubs? Gibt es ein *eidos* – eine ewige ideale Form – für Dinge wie »Haar, Kot, Schmutz und was sonst recht verachtet und geringfügig ist« (130c)? Hinter dieser Frage lauert nicht nur die peinliche Tatsache, dass der vornehme Begriff der Form auch auf Exkremente angewendet werden kann, sondern ein viel präziseres Paradox, dem sich Platon in seinem Dialog *Der Staatsmann* nähert (262a-263a) und dabei eine wichtige Behauptung aufstellt: Unterteilungen (einer Gattung in Arten) sollten an den richtigen Stellen vorgenommen werden. Es sei beispielsweise ein Fehler, die Gattung aller Menschen in Griechen und Barbaren aufzuteilen: »Barbaren« stellen keine richtige Form dar, weil sie keine positiv bestimmte Gruppe (Art) bezeichnet, sondern lediglich alle Personen, die keine Griechen sind. Die Positivität des Begriffs »Barbar« verbirgt somit die Tatsache, dass er als Behältnis für all diejenigen dient, die nicht in die Form »Grieche« passen. Was aber, wenn das für alle Unterteilungen von Gattungen in Arten gilt? Was, wenn jede Gattung, um vollständig in Arten unterteilt zu werden, eine solche negative Pseudo-Gattung beinhalten muss, ein »Anteil der Anteillosen« der Gattung? Bestehend aus all denjenigen, die zur

Gattung gehören, aber von keiner ihrer Arten abgedeckt werden? Wem das zu abstrakt klingt, der erinnere sich an zahllose Beispiele aus der Wissenschaftsgeschichte, vom imaginären Verbrennungsbestandteil Phlogiston (einem Pseudo-Begriff, der lediglich die Ignoranz der Wissenschaftler offenlegte, wie Licht sich wirklich ausbreitet) bis hin zu Marx' »asiatischer Produktionsweise« – eine weitere Art von negativem Behältnis: Der einzige wahre Gehalt dieses Begriffs wäre etwas wie »all die Produktionsweisen, die nicht zu Marx' Standardkategorie der Produktionsweise passen«. Die Frage ist also: Wie kam Marx zu diesem Begriff? Indem er zunächst die eurozentrische Reihe fortschreitender Produktionsweisen benannte: Stammesgesellschaft, antike Sklaverei, Feudalismus, Kapitalismus, Kommunismus. Nachdem ihm aber aufgefallen war, dass viele antike Gesellschaften von China und Ägypten bis zum Reich der Inka zu keiner dieser Weisen passten, konstruierte er eine neue Kategorie – die »asiatische Produktionsweise« –, die ein konsistenter Begriff zu sein scheint, eigentlich aber nur ein leeres Behältnis für all diese unpassenden Elemente darstellt.

Was hat nun aber dieser zusätzliche Begriff, der die Klarheit rationaler Klassifizierung von Gattungen in Arten stört, mit dem Thema Ereignis zu tun? Oder genauer mit dem Ereignis als *culpa*, als Sündenfall? Alles. Im Prinzip können wir zwischen einer rationalen Struktur, einer zeitlosen Klassifizierung einer Totalität in Arten und Unterarten und ihrer unvollkommenen zeitlichen Verwirklichung in der kontingenten materiellen Realität unterscheiden. Es kann einen Überschuss in beide Richtungen geben – es kann formale Möglichkeiten geben, die nicht verwirklicht sind, leere Stellen in einer Struktur (z. B. kann es vier logisch mögliche Typen von Häusern geben, von denen aber aus zufälligen

Gründen nur drei tatsächlich gebaut werden), oder es kann einen Reichtum an empirischen Ausbildungen geben, die in keine der Kategorien passen, die von der Klassifikation zugelassen sind. Dennoch ist das paradoxe negative Behältnis von diesen beiden Fällen völlig verschieden: Es repräsentiert innerhalb der Klassifikationsstruktur eines ihrer Elemente, nämlich dasjenige, das aus dieser Struktur ausbricht, das heißt, es ist der Punkt der Einschreibung der historischen Kontingenz in eine formale Struktur, der Punkt, an dem sozusagen die formale Struktur in ihren Inhalt kippt, in die kontingente Realität. Und insofern die formale Struktur an sich atemporal ist und die Ebene der kontingenten Realität ereignishaft – das heißt der Bereich kontingenter Ereignisse, beständigen Wandels, ständiger Erzeugung und Zersetzung ist –, ist das negative Behältnis auch der Punkt, an dem das Ereignis in die formale Struktur eingreift (oder in sie eingeschrieben wird). Der Ort dieses Surplus, dieses überschüssigen Elements kann durch das Ungleichgewicht von Allgemeinem und Besonderem wahrgenommen werden – hier ist das berühmteste Beispiel Kierkegaards unsterbliche Einteilung der Menschheit von 1843:

> Ein witziger Kopf hat gesagt, man könne die Menschheit in Offiziere, Dienstmädchen und Schornsteinfeger einteilen. Diese Bemerkung ist nach meiner Meinung nicht nur witzig, sondern zugleich tiefsinnig, und es gehört ein großes spekulatives Talent dazu, eine bessere Einteilung zu finden. Wenn eine Einteilung ihren Gegenstand ideell nicht erschöpft, so ist die zufällige Einteilung in jeder Weise vorzuziehen, weil sie die Phantasie in Bewegung setzt.[1]

Gewiss, das Schornsteinfeger-Element ist ein besonderer Zusatz, der für die spezifische Färbung der vorangehenden

Begriffe sorgt (was sie in der konkreten historischen Totalität »wirklich meinen«); dies sollte jedoch nicht so aufgefasst werden, als ob das Schornsteinfeger-Element für das Gespür des gesunden Menschenverstands stünde, wie in Heinrich Heines (einem Zeitgenossen Kierkegaards) bekanntem Diktum, er schätze »Liebe, Wahrheit, Freiheit und Krebssuppe« vor allem anderen. »Krebssuppe« steht hier für alle die kleinen Genüsse, in deren Abwesenheit wir (mentale, wenn nicht sogar reale) Terroristen werden, die einer abstrakten Idee folgen und sie der Realität aufzwingen, ohne die konkreten Begleitumstände zu bedenken. Man sollte betonen, dass eine solche »Weisheit« genau das ist, was Kierkegaard *nicht* meinte – seine Botschaft liegt eher im Gegenteil: Das Prinzip selbst in seiner Reinheit ist bereits von der Partikularität der Krebssuppe beeinflusst, das heißt, die Partikularität stützt ebenjene Reinheit des Prinzips.

Das überschüssige Element ist daher ein Supplement zur Zwei, dem harmonischen Paar, *yin* und *yang*, den zwei Klassen usw.; zum Beispiel Kapitalist, Arbeiter *und der Jude*; oder vielleicht Oberschicht, Unterschicht *und Pöbel*.[2] (In der Dreiheit von Offizier, Dienstmädchen und Schornsteinfeger kann der Schornsteinfeger gewissermaßen als Freuds »Liebesstörer« angesehen werden, als obszöner Eindringling, der den Liebesakt des Paares unterbricht. Gehen wir bis zum Ende und stellen uns die äußerste Obszönität vor: ein Sexualakt zwischen dem Offizier und dem Dienstmädchen und einem Schornsteinfeger, der hinterher in einem Akt nachträglicher Empfängnisverhütung interveniert und ihren »Kamin« mit seiner Bürste reinigt.)[3]

Der Überschuss des Allgemeinen über seine tatsächlichen Besonderheiten deutet daher auf ein seltsames überschüssiges besonderes Element hin wie in Gilbert Keith

Chestertons bekannter Bemerkung an seine Leser, »von denen die meisten Menschen sind« – oder, wie es ein bekannter Fußballer nach einem wichtigen Spiel ausgedrückt hat: »Mein Dank geht an meine Eltern und besonders an meine Mutter und meinen Vater.« Wer ist hier der übriggebliebene Elternteil, der dritte, weder Mutter noch Vater? Walter Benjamin streifte in seinem frühen dunklen Essay »Über Sprache überhaupt und die Sprache des Menschen« etwas Ähnliches:[4] Seine Pointe besteht nicht darin, dass Sprache überhaupt in viele Unterarten aufgeteilt werden muss – Sprache der Menschen, der Tiere, der Genetik usw. Es gibt nur eine wirklich existierende Sprache, die Sprache der Menschen, und die Spannung zwischen der Sprache in ihrer Allgemeinheit (»überhaupt«) und verwirklichten Besonderheit (die Sprache, die wirklich von Menschen gesprochen wird) ist der Sprache der Menschen eingeschrieben und spaltet sie von innen heraus. Mit anderen Worten, selbst wenn es nur eine Sprache gäbe, dann müssten wir immer noch zwischen der universalen (der Sprache überhaupt) und der besonderen (der Sprache des Menschen) unterscheiden – Sprache ist eine Gattung mit nur einer Art, mit ihr selbst als besonderer wirklicher Sprache. Das bringt uns zum Begriff der Schuld zurück: »Die Sprache des Menschen« bezeichnet die Schuld der göttlichen »Sprache überhaupt«, ihre Verunreinigung mit all dem Schmutz wie Neid, Machtkämpfe und Obszönität. Und man kann leicht erkennen, in welcher Hinsicht diese Schuld ereignishaft ist: In ihr wird die ewige Struktur der göttlichen Sprache in den ereignishaften Fluss der menschlichen Geschichte integriert.

Dies führt uns zur Theologie und genauer zum theologischen Topos des Sündenfalls. Wie der dänische Theologe und Philosoph Sören Kierkegaard (1813–1855) verdeutlicht hat, ist das Christentum die erste und einzige Religion des Ereignisses: Der einzige Zugang zum Absoluten (Gott) verläuft über unsere Akzeptanz des einmaligen Ereignisses der Inkarnation als singuläres historisches Geschehen. Deshalb sagt Kierkegaard, dass es um Christus versus Sokrates geht: Sokrates steht für die Erinnerung, für die Wiederentdeckung der höheren Realität der Ideen, die immer schon in uns sind, während Christus die »frohe Botschaft« eines radikalen Bruchs verkündet. Das ist *das Ereignis als Bruch im normen Verlauf der Dinge*, als das Wunder, dass »Christus auferstanden ist«. Dennoch sollten wir die Auferstehung nicht als etwas verstehen, das *nach* Christus' Tod geschehen ist, sondern als Kehrseite des Todes selbst – Christus ist lebendig als der Heilige Geist, als die Liebe, die die Gemeinschaft der Gläubigen verbindet.[5] Kurz, »Christus ist auferstanden« bedeutet tatsächlich das Gleiche wie »Christus ist abgefallen«: In anderen Religionen fallen die Menschen von Gott ab (ins sündhafte irdische Leben), und nur im Christentum fällt Gott selbst ab. Doch wie? Wovon? Die einzige Möglichkeit ist: von sich selbst in seine eigene Schöpfung.[6]

Um es in mystischen Begriffen auszudrücken, ist das christliche Ereignis das genaue Gegenteil der »Rückkehr zur Unschuld«: Es ist die Ursünde selbst, die ursprüngliche pathologische Wahl der unbedingten Bindung an irgendein singuläres Objekt (wie das Verlieben in eine Person, die uns danach mehr als alles andere bedeutet). Diese Wahl ist pathologisch, weil sie buchstäblich unausgewogen ist: Sie zerstört die vorangehende Gleichgültigkeit und bringt Teilung, Schmerz und Leid mit sich. In buddhistischen Begriffen ist ein christliches Ereignis die exakte strukturelle Kehrseite der Erleuchtung, des Erreichens des Nirwana: Es ist genau die Geste, durch die falscher Schein und Leid in die Welt kommen. Das christliche Ereignis der »Inkarnation« ist daher nicht so sehr die Zeit, in der die gewöhnliche zeitliche Realität die Ewigkeit berührt, sondern eher die Zeit, in die die Ewigkeit in die Zeit hineinreicht. Chesterton hat das ganz klar gesehen und die modische Behauptung über die »angebliche spirituelle Identität von Buddhismus und Christentum« zurückgewiesen:

> Liebe will das Individuelle; Liebe will daher das Geschiedensein. Daß Gott die Welt in kleine Stücke zerbrochen hat, begrüßt das Christentum mit instinktiver Freude, denn es sind lebendige Stücke. (…) Genau darin besteht die philosophische Kluft zwischen Buddhismus und Christentum; für den Buddhisten oder Theosophen ist die Persönlichkeit der Sündenfall des Menschen, für den Christen ist sie von Gott gewollt, der Kern seiner Idee des Kosmos. Die Weltseele des Theosophen will vom Menschen geliebt werden, damit er sich in sie hineinstürzt. Das göttliche Zentrum des Christentums hingegen hat den Menschen aus sich herausgeschleudert, damit er es lieben kann. (…) Alle modernen Philosophien sind Ketten, die binden und behindern; das Christentum hingegen ist ein Schwert, das scheidet und befreit. Keine andere Weltanschauung läßt zu, daß Gott über die Aufspaltung der Welt in lebendige Seelen frohlockt.[7]

Die Folgen dieses Vorrangs des Sündenfalls sind unerwartet und hart – wenn der Sündenfall die Bedingung für das Gute ist und als solcher ein »glücklicher Sündenfall« (*felix culpa*), dann ist der Agent des Sündenfalls (Eva, die Adam zur Sünde verführte) die ursprünglich ethisch Handelnde. Frauenfeindliche Spuren in der christlichen Tradition sollten uns daher nicht täuschen – bei einem näheren Blick erweisen sie sich als zutiefst zweideutig. Hier hören wir den frühen christlichen Denker Tertullian (160–225) in seiner schlimmsten Misogynie, wie er sich an Frauen wendet:

> Und du wolltest nicht wissen, daß du eine Eva bist? Noch lebt die Strafsentenz Gottes über dein Geschlecht in dieser Welt fort; dann muß also auch deine Schuld noch fortleben. Du bist es, die dem Teufel Eingang verschafft hat, du hast das Siegel jenes Baumes gebrochen, du hast zuerst das göttliche Gesetz im Stich gelassen, du bist es auch, die denjenigen betört hat, dem der Teufel nicht zu nahen vermochte. So leicht hast du den Mann, das Ebenbild Gottes, zu Boden geworfen. Wegen deiner Schuld, d. h. um des Todes willen, mußte auch der Sohn Gottes sterben.[8]

Ist der letzte Satz aber nicht zutiefst zweideutig? Diese Zweideutigkeit ist derjenigen ähnlich, der wir im Herbst 2006 begegneten, als Scheich Taj El-Din Hilali, Australiens führender muslimischer Geistlicher, einen Skandal verursachte; nachdem einige muslimische Männer wegen einer Gruppenvergewaltigung ins Gefängnis kamen, sagte er: »Wenn man Fleisch draußen auf die Straße, in den Garten oder den Park stellt, ohne es zuzudecken, dann kommen die Katzen und fressen es. Wer ist nun Schuld – die Katzen oder das unverhüllte Fleisch? Das unverhüllte Fleisch ist das Problem.« Die Explosivität dieses Vergleichs zwischen einer unverschleierten Frau und einem Stück rohen, unbedeckten Fleischs lenkt jedoch von einer anderen, viel überraschenderen Prämisse in Scheich Hilalis Argumentation ab: Wenn man Frauen für das sexuelle Verhalten von Männern verantwortlich macht, bedeutet das dann nicht, dass Männer völlig hilflos sind, wenn sie mit etwas konfrontiert werden, das sie als sexuelle Provokation wahrnehmen, dass sie schlicht unfähig sind, Widerstand zu leisten, dass sie von ihrem sexuellen Hunger vollkommen versklavt werden, genau wie eine Katze, wenn sie rohes Fleisch sieht? Heißt das nicht mit anderen Worten, dass brutale Vergewaltiger handeln, als ob sie immer noch im Paradies wären, jenseits von Gut und Böse? Und ist Eva in ähnlicher Weise nicht der einzige wahre Partner Gottes in der Angelegenheit des Sündenfalls? Die Tat (die katastrophale Entscheidung) ist ihre: Sie eröffnet den Weg zur Erkenntnis des Unterschieds zwischen Gut und Böse (was die Folge des Sündenfalls ist) und zum Schamgefühl der Nacktheit – kurz, den Weg zum menschlichen Universum. Um die tatsächliche Situation hier zu begreifen, muss man sich nur Hegels (ziemlich offenkundiges) Argument vor Augen führen: Die Unschuld des »Paradieses« ist ein anderer Name für ein tierisches Leben, so dass dasjenige, was die Bibel »Sündenfall« nennt, nichts anderes ist als der Übergang vom tierischen Leben zur eigentlichen menschlichen Existenz. *Es ist daher der Sündenfall selbst, der die Dimension erschafft, von der er der Ab-Fall ist* – oder, wie Augustinus es vor langer Zeit ausgedrückt hat: »Denn Gott hielt es für besser, selbst aus dem Bösen Gutes zu schaffen, als überhaupt nichts Böses zuzulassen.«[9]

Man muss hier vorsichtig sein, um nicht der perversen Lesart vom Vorrang des Sündenfalls zu erliegen – was meint Perversion hier genau? Einen Kurzschluss, bei dem ich selbst das Böse verursache, damit ich es durch meinen Kampf für das Gute überwinden kann, wie die verrückte Gouvernante in Patricia Highsmiths Kurzgeschichte »Die Heldin«, die das Haus der Familie in Flammen setzt, um tapfer die Kinder vor den tosenden Flammen retten und so ihre Hingabe an die Familie unter Beweis stellen zu können. Den radikalsten Fall einer solchen perversen Lesart lieferte Nicolas Malebranche (1638–1715), der große cartesianische Katholik, der nach seinem Tod exkommuniziert wurde und dessen Bücher wegen seiner maßlosen Orthodoxie verbrannt wurden. Malebranche legte die Karten auf den Tisch und »enthüllte das Geheimnis« des Christentums: Seine Christologie beruht auf der Antwort auf die Frage »Warum hat Gott die Welt erschaffen?« – damit Er sich im Glanze seiner Schöpfung sonnen und von ihr gefeiert werden kann. Gott wollte Anerkennung, und Er wusste, dass man für Anerkennung ein anderes Subjekt benötigt, das einen anerkennt. Deswegen erschuf Er die Welt aus reiner selbstsüchtiger Eitelkeit.

Folglich kam Christus nicht auf die Erde nieder, um die Menschen von der Sünde zu erlösen, von dem Erbe von Adams Sündenfall, im Gegenteil: *Adam musste den Sündenfall begehen, um es Christus zu ermöglichen, auf die Erde zu kommen, um Erlösung zu stiften.* Malebranche wendet hier auf Gott selbst die »psychologische« Einsicht an, dass die »heilige« Persönlichkeit, die sich selbst zum Nutzen anderer opfert, um sie von ihrem Elend zu befreien, insgeheim *will*, dass der andere leidet, *damit sie in der Lage ist, ihm zu helfen* – wie der sprichwörtliche Ehemann, der den ganzen Tag für seine arme behinderte Frau arbeitet, sie aber vermutlich verlassen würde, wenn sie wieder gesund wäre und eine erfolgreiche Karrierefrau würde. Es ist viel befriedigender, sich selbst für arme Opfer aufzuopfern, als die anderen in die Lage zu versetzen, den Opferstatus abzulegen und vielleicht erfolgreicher als man selbst zu werden … Malebranche hat diese Parallele bis zu ihrem logischen Ende entwickelt, zum Schrecken der Jesuiten, die seine Exkommunikation betrieben haben. Gott *liebt letztlich nur sich selbst* und benutzt die Menschen dazu, Seinen eigenen Ruhm zu verkünden. Es ist daher nicht wahr, dass, wenn Christus nicht auf die Erde gekommen wäre, um Mitmenschlichkeit zu bringen, jeder verloren gewesen wäre – ganz im Gegenteil, *niemand* wäre verloren gewesen, das heißt *jeder* Mensch musste sündigen, damit Christus kommen und *einige* von ihnen erlösen konnte. Malebranches Schlussfolgerung ist erschütternd: Da der Tod Christus ein Schlüsselmoment in der Verwirklichung des Schöpfungsziels darstellt, war Gott (Vater) zu keinem Zeitpunkt glücklicher als dann, als er Seinen Sohn am Kreuz leiden und sterben sah.

Der einzige Weg, um diese Perversion wirklich zu vermeiden, besteht darin zu akzeptieren, dass der Sündenfall in Wirklichkeit der Ausgangspunkt ist, der überhaupt erst die Bedingungen für die Erlösung schafft: Es gibt nichts dem Sündenfall Vorhergehendes, von dem aus wir fallen können, der Sündenfall selbst erschafft dasjenige, von dem aus wir fallen. Eine solche Position eröffnet den Raum für die Rechtfertigung des Bösen: Wenn wir wissen, dass das Böse lediglich ein notwendiger Umweg auf dem Pfad zum finalen Triumph des Guten ist, dann ist es natürlich gerechtfertigt, dass wir uns auf das Böse als Mittel einlassen, um das Gute zu erreichen. Dennoch gibt es keine Vernunft in der Geschichte, deren göttlicher Plan das Böse rechtfertigen kann; das Gute, das aus Bösem entstehen mag, ist nur ein zufälliges Nebenprodukt. Wir können zwar sagen, dass das Endergebnis von Nazi-Deutschland und seiner Niederlage das Aufkommen viel höherer ethischer Standards von Menschenrechten und internationaler Gerichtsbarkeit war; jedoch zu behaupten, dass dieses Ergebnis auf irgendeine Weise den Nazismus »rechtfertigt«, ist eine Obszönität. Nur auf diese Weise können wir wirklich die perverse Logik des religiösen Fundamentalismus vermeiden. Unter den christlichen Denkern war es – wie üblich – G. K. Chesterton, der nicht davor zurückschreckte, die Konsequenzen dieses Paradoxons zu erklären, indem er genau an diesem Punkt den Bruch von antiker Welt und Christenheit verortet:

Die Griechen, die großen Führer und Pioniere der heidnischen Antike, gingen von der Idee von etwas herrlich Unmittelbarem und Begreiflichem aus, von der Idee, daß der Mensch, wenn er auf der breiten Straße der Vernunft und Natur immer geradeaus gehe, nicht zu Schaden kommen könne (...) Und der Fall der Griechen allein genügt, um das eigentümliche, aber sichere Verhängnis zu illustrieren, das aus diesem Trugschluß folgt. Kaum hatten die Griechen begonnen, ihrer eigenen Nase und ihrem eigenen Begriff des Natürlichseins zu folgen, als ihnen die kurioseste Sache in der Geschichte zustieß. (...) Die weisesten Leute in der Welt machten sich daran, natürlich zu sein, und was sie zuallererst taten, war das unnatürlichste Ding der Welt. Die sofortige Wirkung einer Verehrung der Sonne und der sonnigen Gesundheit der Natur war eine Perversität, die sich wie eine Pest verbreitete. Die größten und selbst die reinsten Philosophen konnten augenscheinlich dieser niedrigen Art der Verrücktheit nicht entgehen. Warum? (...) Wenn der Mensch gerade geht, so geht er krumm. Wenn er seiner Nase nachgeht, so kann er leicht an der Nase herumgeführt werden und sich sogar einen Nasenstüber holen, und das in Übereinstimmung mit etwas viel Tieferem in der menschlichen Natur, als es die Naturanbeter jemals zu begreifen vermochten. Es war die Entdeckung von diesem, menschlich gesprochen, tieferen Dinge, was die Bekehrung zum Christentum herbeigeführt hat. Der Mensch neigt dazu, von der Richtung abzuweichen wie die Kugel, und das Christentum war die Entdeckung, wie man diese Abweichung korrigiert und dann das Ziel trifft. Viele werden über diesen Ausspruch lächeln; aber es ist eine tiefe Wahrheit, daß die frohe, gute Mär, welche das Evangelium brachte, die Kunde von der Erbsünde ist.[10]

Die Griechen verloren also ihren moralischen Kompass genau deshalb, weil sie an die spontane und grundlegende Aufrichtigkeit des Menschen glaubten und daher die »Neigung« zum Bösen vernachlässigten, die man im Innersten eines menschlichen Wesens findet: Das wahre Gute entsteht nicht, wenn wir unserer Natur folgen, sondern wenn wir sie bekämpfen.[11]

Die gleiche Pointe finden wir in Richard Wagners Oper *Parsifal*, deren Schlussbotschaft lautet: »Die Wunde schließt der Speer nur, der sie schlug.« Hegel sagt das Gleiche, allerdings verschiebt er den Akzent auf die entgegengesetzte Richtung, wenn er über den *Geist* als aktive Kraft spricht, die permanent die ganze unbewegliche und stabile Realität unterminiert (»negiert«) und verändert: Der Geist selbst ist die Wunde, die er versucht zu schließen, das heißt die Wunde ist selbst zugefügt. Was ist dann der »Geist« in seiner grundlegendsten Form? Die »Wunde« der Natur: Der Geist der menschlichen Subjektivität ist die Macht der Differenzierung, des »Abstrahierens«, des Trennens und Behandelns als unabhängig, was in Wirklichkeit Teil einer organischen Einheit ist. Geist ist nichts anderes als der Prozess der Überwindung der natürlichen Unmittelbarkeit und organischen Einheit, der Prozess der Ausarbeitung (»Vermittlung«) dieser Unmittelbarkeit, des In-sich-Gehens oder »Abhebens« von ihr, der Selbst-Entfremdung von ihr. Die Rückkehr des Geistes zu sich selbst schafft genau die Dimension, zu welcher er zurückkehrt.

Sagt die Bibel nicht genau dasselbe? Die Schlange verspricht Adam und Eva, dass sie durch den Verzehr der Frucht vom Baum der Erkenntnis selbst wie Gott werden, und *nachdem es beide tun*, sagt Gott: »Siehe, Adam ist worden wie unsereiner, denn er weiß, was gut und böse ist.«

(Gen 3,22) Hegels Kommentar dazu: »Die Schlange hat also nicht gelogen; Gott bestätigt, was sie sagte.«[12] Wie Hegel gesagt hätte, ist das subjektive Wissen nicht nur die Möglichkeit, das Gute oder Böse zu wählen: »Ferner wird dann das Verhältnis der Betrachtung auch so gestellt, daß es die Betrachtung oder die Erkenntnis ist, die ihn böse mache, so daß sie das Böse sei, und diese Erkenntnis es sei, die nicht sein soll, die der Quell des Bösen sei. In dieser Vorstellung liegt der Zusammenhang des *Böseseins* mit der *Erkenntnis*.«[13] Oder, noch pointierter, das Böse ist der Blick selbst, der das Böse überall um sich herum erkennt: Der Blick, der das Böse sieht, schließt sich selbst aus dem sozialen Ganzen aus, das er kritisiert, und dieser Ausschluss ist *selbst* die formale Charakteristik des Bösen. Hegels Argument ist, dass das Gute als Möglichkeit und Pflicht nur durch diese Urwahl des Bösen entsteht: Wir erfahren das Gute, wenn uns nach der Wahl des Bösen die heillose Unzulänglichkeit unserer Situation bewusst wird. Auf einer eher begrifflichen Ebene seiner Logik verwendet Hegel den besonderen Ausdruck »absoluter Gegenstoß«, um eine Rückkehr zu bezeichnen, die dasjenige *erzeugt*, von dem sie die Rückkehr ist: »Dies Vorgefundene *wird* nur darin, daß es *verlassen* wird (...) Die reflektierende Bewegung ist somit nach dem Betrachteten als *absoluter Gegenstoß* in sich selbst zu nehmen.«[14] Daher entsteht nur in der Rückkehr selbst überhaupt dasjenige, zu dem wir zurückkehren – es beginnt als eine Möglichkeit zu existieren oder wahrgenommen zu werden, wo zuvor keine Spur davon war.

Wir sprechen hier nicht über abstrakte Theorie, sondern über eine ganz konkrete historische Erfahrung. Einige indische Kulturtheoretiker meinen, die Tatsache, dass sie zur englischen Sprache gezwungen wurden, sei eine Form kulturellen Kolonialismus, der ihre wahre Identität unterdrücken würde: »Wir müssen uns in einer aufgezwungenen Sprache äußern, um unsere innerste Identität auszudrücken; versetzt uns das nicht in eine Position radikaler Entfremdung – sogar noch unser Widerstand gegen die Kolonisierung muss in der Sprache der Kolonialherren formuliert werden?« Die Antwort darauf lautet: ja – doch das Aufzwingen des Englischen (einer fremden Sprache) hat dasjenige erzeugt, was von ihm »unterdrückt« wird, das heißt, dass nicht das eigentlich vorkoloniale Indien unterdrückt wird, das nun für immer verloren ist, sondern der authentische Traum einer neuen universalistischen indischen Demokratie. (Malcolm X folgte derselben Einsicht, als er »X« als seinen Familiennamen wählte: Er kämpfte nicht im Namen einer Rückkehr zu irgendwelchen urtümlichen afrikanischen Wurzeln, sondern genau im Namen eines X, einer unbekannten neuen Identität, die durch ebenjenen Prozess der Sklaverei eröffnet worden ist, der die afrikanischen Wurzeln für immer verlorengehen ließ.) Dieser Fall zeigt, dass es nicht darum geht, dass es etwas vor dem Verlust gab – im Fall von Indien eine reiche und komplexe Tradition –, sondern dass diese verlorengegangene Tradition ein heterogenes Durcheinander war, das nichts mit dem zu tun hat, zu dem die spätere Wiedergeburt des Nationalismus zurückkehren will. Das gilt für jegliche »Rückkehr zu den Wurzeln«; als vom neunzehnten Jahrhundert an neue Nationalstaaten in Zentral- und Osteuropa auftauchten, schuf ihre Rückkehr zu »den alten ethnischen Wurzeln« ebenjene Wurzeln selbst und brachte dasjenige hervor, was der marxistische Historiker Eric Hobsbawm »erfundene Traditionen« nennt.

Es gibt einen hübschen vulgären Witz über Jesus Christus:

In der Nacht vor seiner Verhaftung und Kreuzigung machten sich seine Anhänger Sorgen – Jesus war immer noch Jungfrau, wäre es daher nicht schön, ihm die Erfahrung von etwas Genuss zu verschaffen, bevor er stürbe? Sie baten daher Maria Magdalena, ins Zelt zu gehen, wo Jesus ruhte, um ihn zu verführen; Maria antwortete, dass sie das freudig tun würde, und ging hinein. Fünf Minuten später jedoch stürzte sie schreiend wieder heraus, angsterfüllt und wütend. Die Anhänger fragten, was los sei, und sie erklärte: »Ich habe mich langsam entkleidet, meine Beine gespreizt und Jesus meine Scheide gezeigt. Er hat sie angeschaut, gesagt ›Was für eine schreckliche Wunde; sie muss geheilt werden‹ und dann sanft seine Hand aufgelegt …« Man hüte sich also vor Leuten, die zu sehr darauf versessen sind, die Wunden anderer zu heilen – was, wenn dieser andere seine Wunde genießt? In genau der gleichen Weise wäre eine direkte Heilung der Wunde des Kolonialismus (indem man tatsächlich zur vorkolonialen Realität zurückkehrte) ein Albtraum: Wenn sich die Inder von heute in einer vorkolonialen Realität wiederfänden, würden sie zweifellos denselben angsterfüllten und wütenden Schrei wie Maria Magdalena ausstoßen.

Das nun ist unsere Definition eines Ereignisses an diesem Halt unserer Reise: *Das äußerste Ereignis ist der Sündenfall selbst, der Verlust einer Art urtümlicher Einheit und Harmonie, die niemals existiert hat und nur eine rückwirkende Illusion ist.* Die überraschende Tatsache ist, dass dieses Thema des Sündenfalls auch außerhalb des Religiösen Widerhall findet, und zwar in der radikalsten Version der heutigen Naturwissenschaften, in der Quantenkosmologie. *Die* Frage, mit der Quantenkosmologie heute ringt, lautet: Warum gibt es etwas und nicht vielmehr nichts? Die Naturwissenschaft bietet hier zwei Modelle an, den Urknall und die Symmetriebrechung.

Die Theorie des Urknalls ist gegenwärtig die vorherrschende und behauptet, dass das (unser) Universum mit einem Ausgangspunkt oder einer Singularität begann, der sich über Milliarden von Jahren ausdehnte und das Universum bildete, wie wir es jetzt kennen. Singularität bedeutet einen Punkt oder eine Region in der Raum-Zeit, in der die Gravitationskräfte bei der Materie eine unendliche Dichte erzeugen, so dass die Gesetze der Physik suspendiert sind: Die Einheiten, die man verwendet, um das Gravitationsfeld zu messen, gehen ins Unendliche, so dass jede Berechnung, die auf den Gesetzen der Physik beruht, bedeutungslos wird und das künftige Verhalten des Systems nicht vorhergesagt werden kann. Diese Suspension der Gesetze als wesentliche Eigenschaft einer Singularität erlaubt es uns, den Begriff auch in anderen Zusammenhängen zu verwenden – Ray Kurzweil zum Beispiel definiert eine technologische Singularität folgendermaßen:

> Es handelt sich um einen zukünftigen Zeitabschnitt, in dem der technische Fortschritt so schnell und seine Auswirkungen so tiefgreifend sein werden, dass das menschliche Leben einen unwiderruflichen Wandel erfährt. Das ist weder utopisch noch dystopisch gemeint, aber diese Epoche wird viele für unseren Lebensinhalt grundlegende Konzepte und Vorstellungen umkrempeln – von Geschäftsmodellen bis zum menschlichen Lebenskreislauf, einschließlich des Todesbegriffs.[15]

Aus verständlichen Gründen betrachten Katholiken den Urknall als etwas, das Gott eine Tür öffnet: Die Aufhebung der Naturgesetze am Punkt der Singularität bedeutet, dass dieses Ereignis nicht natürlich ist und auf ein direktes übernatürliches Eingreifen verweist. Singularität ist daher die wissenschaftliche Bezeichnung für den Zeitpunkt der Schöpfung (Katholiken betonen gerne, dass der »Vater der Urknall-Theorie« Pater Georges Lemaître war, ein katholischer Priester aus Belgien, der sie zum ersten Mal 1933 formuliert hat). Als Papst Johannes Paul II. Stephen Hawking empfing, sagte er ihm angeblich: »Wir stimmen genau überein, Herr Astrophysiker: Was nach dem Urknall geschieht, ist Ihre Sache; was davor geschieht unsere …« Selbst wenn dieses Gespräch nicht stattgefunden hat, so trifft es doch den richtigen Punkt.

Was philosophisch gesehen vielleicht viel interessanter ist, ist der Begriff der Symmetriebrechung, da er eine Antwort auf die Frage liefert, wie etwas aus nichts entsteht, indem man das Nichts neu definiert. Der Zustand des Vakuums oder das Quantenvakuum ist keine absolute Leere: Es enthält elektromagnetische Wellen und Teilchen, die entstehen und vergehen. Wenn diese (infinitesimalen) Energieschwankungen auf ein System einwirken, das einen kritischen Punkt überschreitet, dann entscheiden sie über das Schicksal dieses Systems, indem sie bestimmen, welchen Weg einer Verzweigung es nehmen wird. Für einen außenstehenden Beobachter, dem die Schwankungen (oder das »Rauschen«) verborgen bleiben, wird die Wahl willkürlich erscheinen. Diesen Prozess nennt man Symmetriebrechung, weil ein solcher Übergang das System aus einem homogenen unordentlichen Zustand in einen von zwei exakten Zuständen bringt. Das bekannteste physikalische Beispiel dafür ist eine Kugel, die auf einer Art symmetrischem Hügel liegt: Eine kaum wahrnehmbare kleine Erschütterung der Position der Kugel wird dazu führen, dass sie rasch hügelabwärts in ihren energetisch niedrigsten Zustand rollt, so dass eine perfekte symmetrische Situation in einen asymmetrischen Zustand kollabiert. Der springende Punkt ist hierbei, dass dieser Kollaps wirklich zufällig ist. Es ist nicht so, dass die Ursachen so geringfügig sind, dass wir sie nicht wahrnehmen können; es ist viel radikaler so, dass die Fluktuationen auf einer Ebene nicht vollständig existierender (präontologischer) virtueller Entitäten stattfinden, die in gewisser Weise weniger als nichts sind. Die spekulative Einsicht dieses Begriffs der Symmetriebrechung liegt in der Identität von Nichts (Leere, Vakuum) und dem unendlichen Reichtum an Möglichkeiten. In dieser Grauzone sind die »normalen Gesetze« der Physik durchgängig aufgehoben – doch wie? Stellen wir uns vor, dass wir an einem Tag X einen Flug buchen, um am nächsten Tag ein kleines Vermögen abzuholen, wir aber nicht das Geld haben, um das Ticket zu bezahlen. Dann aber entdecken wir, dass das Buchungssystem der Fluggesellschaft so gestaltet ist, dass, wenn wir die Zahlung innerhalb von 24 Stunden um das Erreichen des Zielflughafens herum überweisen, niemand jemals wissen wird, dass das Ticket nicht vor dem Abflug bezahlt worden ist. Entsprechend

(kann) die Energie eines Teilchens erhebliche Schwankungen aufweisen (…), solange diese Schwankungen auf Zeiträume von hinreichend kurzer Dauer beschränkt sind. Wie das Buchungssystem der Fluggesellschaft Ihnen »erlaubt«, das Geld für ein Flugticket »auszuleihen«, vorausgesetzt, Sie zahlen den Kaufpreis rasch genug zurück, so erlaubt die Quantenmechanik einem Teilchen, sich Energie zu »borgen«, solange es diese in einem von Heisenbergs Unschärferelation bestimmten Zeitrahmen wieder abgibt. (…) Doch die Quantenmechanik zwingt uns, den Vergleich noch einen wichtigen Schritt weiterzuführen. Stellen Sie sich einen pathologischen Schuldenmacher vor, der von Freund zu Freund geht, um sich Geld zu beschaffen. Borgen und Rückzahlen, Borgen und Rückzahlen – unermüdlich leiht er sich Geld aus, um es gleich darauf zurückzuerstatten. (…) Aus der Heisenbergschen Unschärferelation geht hervor, daß unser Universum bei mikroskopischen Abständen und Zeitintervallen ständig der Schauplatz eines ähnlich wilden Hin und Hers von Energie und Impuls ist.[16]

Genauso entsteht, selbst in einer leeren Gegend des Raums, ein Teilchen aus dem Nichts, indem es Energie von der Zukunft leiht und sie (mit seiner Vernichtung) zurückzahlt, noch bevor das System diesen Leihvorgang bemerkt hat. Das gesamte Netzwerk kann in diesem Rhythmus aus Leihen und Vernichtung funktionieren, indem eines von dem anderen leiht, die Schuld auf den anderen verschiebt und die Rückzahlung der Schulden hinauszögert – es ist tatsächlich so, als ob die subatomaren Teilchen die Spielchen der Wall Street mit Termingeschäften spielen. Die Voraussetzung dafür ist eine minimale zeitliche Lücke zwischen der Existenz von Gegenständen in ihrer unmittelbaren rohen Realität und dem Registrieren dieser Realität durch irgendein Medium. Das offensichtlichste Beispiel dieser Lücke ist der Tod eines Menschen: Es ist eine Sache, wirklich zu sterben, und eine andere, dass dieser Tod richtig registriert und von den Behörden berücksichtigt wird – manchmal erklären sie einen ihrer Bürger fälschlich für tot, so dass der Arme dem Staat nachweisen muss, dass er immer noch am Leben ist. In Frankreich gibt es sogar ein Dokument mit dem Namen *certificat d'existence*, ein legaler Beweis dafür, dass man existiert.

Die theologischen Implikationen dieser Lücke zwischen einer virtuellen Protorealität und einer vollständig konstituierten sind von besonderem Interesse. Insofern »Gott« dasjenige Wesen ist, das Dinge dadurch erschafft, dass es sie beobachtet, zwingt uns die Unbestimmtheit der Quanten zur Annahme eines Gottes, der *allmächtig, aber nicht allwissend* ist: »Wenn Gott die Wellenfunktionen großer Dinge durch Seine Beobachtung zur Realität zusammenbrechen lässt, dann geben die Quantenexperimente einen Hinweis darauf, dass Er die kleinen Dinge nicht beobachtet.«[17] Die ontologische Mogelei mit virtuellen Teilchen (ein Elektron kann ein Proton erzeugen und dadurch die Grundsätze konstanter Energie verletzen unter der Bedingung, dass es das Proton wieder absorbiert, bevor seine Umgebung von der Abweichung »Notiz genommen hat«) ist eine Art und Weise, Gott selbst zu betrügen, diese letzte Handlungsinstanz, die alles bemerkt, was vor sich geht: Gott selbst kontrolliert nicht den Quantenprozess; darin besteht die atheistische Lektion der Quantenphysik. Einstein hatte recht, als er behauptete, dass Gott nicht betrügt – er vergaß nur hinzuzufügen, dass dieser selbst betrogen werden kann: Es gibt Mikroprozesse (Quantenoszillationen), die nicht vom System bemerkt werden.

Es gibt eine fundamentale Asymmetrie zwischen den beiden Ereignissen des Urknalls und der Symmetriebrechung: Der Urknall ist die Explosion einer unendlich komprimierten Singularität, während die Symmetriebrechung der Kollaps eines unendlichen Feldes von Möglichkeiten in eine festgelegte endliche Realität ist. Die beiden Ereignisse kann man in vielerlei Hinsicht einander gegenüberstellen: Relativitätstheorie versus Quantenkosmologie, Idealismus versus Materialismus. Die fundamentale Lehre jedoch bleibt dieselbe, die Lehre des radikalen Ungleichgewichts: Das äußerste Ereignis ist der Sündenfall selbst, das heißt *die Dinge entstehen, wenn das Gleichgewicht zunichtegemacht ist, wenn etwas vom Weg abkommt.*

Diese Lehre scheint das genaue Gegenteil des Buddhismus zu sein, der unser übermäßiges Hängen an weltlichen Objekten als Quelle des Leids und des Bösen ansieht und konsequenterweise dazu rät, uns aus unseren Verpflichtungen zurückzuziehen und eine losgelöste Haltung einzunehmen als einzigen Ausweg, um aus dem Teufelskreis des Leidens auszubrechen. Doch sind die Dinge so einfach? Der japanische Buddhist Sakaguchi Ango (1906–1955) hat den Buddhismus für seine Loslösung vom wirklichen Leben mit all seinen Leidenschaften kritisiert. Er schlägt vor, »ein neues Leben zu beginnen, das gewöhnlichen Wünschen folgt«. Dennoch kann man sagen, dass Ango genau in dem Moment, als er die Welt des Buddhismus verlassen hat, »zum wahren Buddhisten geworden ist. Er hat nie positiv über Buddhismus geschrieben. Er war besonders giftig all demjenigen gegenüber, was den Anspruch auf eine zenartige Aufklärung oder eine zurückhaltende Vornehmheit hatte. Doch so paradox es auch scheinen mag, seine Kritik war höchst buddhistisch.«[18]

Der zentrale Begriff bei Ango ist die »Gefallenheit« – er ermunterte seine Leser, weiter zu fallen. Fallen – *daraku* – beinhaltet »jedoch nicht die gewöhnliche Bedeutung von ›Dekadenz‹ … Für Ango bedeutet Gefallenheit, in einem Zustand des Ausgesetztseins und der Offenheit für den Andren zu existieren.«[19] Kurz, Authentizität ist Gefallenheit: Wir lassen unser falsches Selbst nicht dadurch zurück, dass wir die Realität auf Distanz halten, sondern gerade wenn wir vollständig und ohne Zurückhaltung in sie »fallen« und uns ihr hingeben. Die Illusion unseres Selbst hält sich genau dann so hartnäckig, wenn wir die Realität als etwas

»da draußen« auffassen, außerhalb von »mir hier«. Dieser Begriff eines erlösenden Fallens ist vielleicht das kostbarste Geheimnis des Buddhismus. Was kann uns also der Buddhismus über das Ereignis erzählen? Dies führt uns zur nächsten Station auf unserer Reise: zum Ereignis als dem Augenblick der Erleuchtung, wo man sich aus dem Spinnennetz der scheinhaften Realität herauswindet und die Leere des Nirwana betritt.

Dritter Halt – Naturalisierter Buddhismus

Wann fand *das* Ereignis statt? 1654 veröffentlichte James Ussher in London den zweiten Teil seiner monumentalen *Annalen des Alten Testaments, hergeleitet von den frühesten Anfängen der Welt.* Als protestantischer Bischof in Irland – einem wahrhaft katholischen Land – wollte er die Überlegenheit des rationalen Ansatzes gegenüber den abergläubischen »Papisten« beweisen, also studierte er Tausende Quellen, um das wissenschaftlich exakte Schöpfungsdatum zu bestimmen. Seine abschließende Antwort lautete: Gott schuf die Welt zum Beginn der Nacht vom 23. Oktober 4004 v. Chr. (Man fragt sich, warum zu Beginn der Nacht? Warum nicht am Morgen, nachdem er ein herzhaftes Frühstück zu sich genommen hatte, das ihm für die bevorstehende harte Arbeit Kraft geben würde?)[1] Usshers Datum machte ihn berühmt und lieferte den ersten Fall einer spezifisch britischen Tradition, deren Echo noch in Virginia Woolfs *Mr Bennett und Mrs Brown* aus dem Jahr 1924 nachhallt, wo sie behauptet, »daß ungefähr im Dezember 1910 der menschliche Charakter sich veränderte«.[2] Während wir ihr selbstverständlich zustimmen, sollten wir vielleicht ein neues Datum für *das* Ereignis vorschlagen: unsere eigene Zeit, in der die aktuellen Erfolge in der Biogenetik, wie das Klonen, tatsächlich die menschliche Natur verändern, die Umstände der menschlichen Reproduktion zerstören und sie radikal vom Zusammentreffen der zwei Geschlechter loslösen und damit die Möglichkeit von allgemeiner Eugenik, der Herstellung von Klonen, Monstern oder Hybriden eröffnen, die die Grenzen unserer Spezies erschüttern. Die Grenzen des biologisch Realen werden effektiv verschoben, und die sichersten Begrenzungen dessen, was symbolisiert werden kann, Leben, Tod, Elternschaft, körperliche Identität, die Unterscheidung zwischen den Geschlechtern, beginnen zu bröckeln. Klonen erlaubt es uns im Prinzip, einen Partner loszuwerden und damit das andere Geschlecht oder die Alterität selbst: man verewigt sich ohne Störung. Darin liegt ein historischer Wandel, der zumindest so radikal wie der Tod der Menschheit ist, den die Kernspaltung möglich gemacht hat.[3]

Tatsächlich ist der Neuro-Diskurs, in dem eine Person mit ihrem Gehirn gleichgesetzt wird (oder manchmal nur mit ihrer DNA), in alle Aspekte unseres Lebens vorgedrungen, von der Rechtsprechung und der Politik bis zu Literatur, Medizin und Physik.[4] Als Teil dieser Neuro-Revolution werden seitens des Militärs enorme Summen in die neurowissenschaftliche Forschung investiert; der bemerkenswerteste Fall ist die berühmt-berüchtigte amerikanische DARPA (Defense Advanced Research Projects Agency), die drei Aspekte umfasst: narrative Analyse, erhöhte Kognition (ähnlich dem Iron-Man-Projekt, um Soldaten mit erweiterten kognitiven Fähigkeiten zu schaffen) und autonome Roboter (die darauf abzielen, einen großen Teil des Militärs aus Robotern zu bestücken, die einfacher zu kontrollieren sind, die Kosten militärischen Personals vermindern und auch die Verluste von Menschenleben reduzieren wird). Autonome Roboter-Soldaten können außerdem benutzt werden, um skrupellos Proteste zu stoppen und bei zivilem Ungehorsam scharf gegen Bürger vorzugehen. Kritische Wissenschaftler wie Ahmed El Hady haben deutlich gemacht, was uns am Ende dieses Wegs erwartet:

> Das akademische Neurowissenschaftsnetzwerk verbindet sich mit der Förderung der »Expertenkultur« auf globaler Ebene, um die Bevölkerung in »leere« Individuen zu verwandeln, die mit fragmentiertem Wissen indoktriniert werden und lokal handeln, um spezifische Probleme zu lösen, abgeschnitten von jeglicher kollektiver oder globaler Herausforderung. Ein anderes Szenario ist die Verwendung von Verfahrensweisen zur Gehirnkontrolle, um jedes revolutionäre Aufbegehren augenblicklich zu beenden. Neben der Kontrolle der Gehirnnarrative und den autonomen Robotersoldaten ... können Gehirnkontrollverfahren auch neurotrope Drogen beinhalten, die den psychologischen Zustand der Individuen verändern können, Neurotoxine, die die Gehirnaktivität kontrollieren oder stoppen können, und neuromikrobiologische Agenten, die dem Gehirn Pathogene liefern und es damit dysfunktional machen.[5]

Die grundlegende Idee der DARPA ist es, Bürger der Vereinigten Staaten gegen (ausländische) Bösewichte zu schützen, indem sie herausfinden, wie anfällig manche Menschen gegenüber terroristischen Narrativen (mündliche Geschichten, Reden, Propaganda, Bücher etc.) sind und diese dann durch bessere zu ersetzen. Um es einfach auszudrücken, ist es DARPA darum zu tun, Gedanken durch Geschichten zu formen. In welcher Weise? Hier ist der Trick: DARPA möchte die Forschung über narrative Beeinflussung revolutionieren, indem sie sie in das Gebiet der Neurobiologie verlängert. Die normale narrative Analyse nimmt damit eine verhängnisvolle Wendung: Das Ziel ist nicht, den potentiellen Terroristen durch eine geschickte Rhetorik oder Argumentation (oder selbst schlichte Gehirnwäsche) zu überzeugen, sondern direkt in sein Gehirn einzugreifen, um seine Ansichten zu verändern. Ideologischer Kampf wird nicht länger argumentativ oder durch Propaganda geführt, sondern mit den Mitteln der Neurobiologie, d.h. durch die Regulierung neuronaler Prozesse im Gehirn. Der Haken ist wiederum: Wer wird entscheiden, welche Narrative gefährlich sind und insofern eine neurologische Korrektur erfordern?

2011 erhielt ein DARPA-finanziertes Projekt unter der Schlagzeile »Gelähmter Mann bewegt Roboterarm mit seinen Gedanken« öffentliche Aufmerksamkeit: »Die Roboterhand, die Tim Hemmes mit seinen Gedanken kontrollierte, berührte die ausgestreckte Hand seiner Freundin Katie Schaffer. Eine kleine Berührung für Mr Hemmes, eine gigantische Errungenschaft für behinderte Menschen.«[6] Dieses »Wunder« basiert auf der Elektrokortikographie (ECoG), bei der ein elektronisches Gitter chirurgisch am Gehirn platziert wird (ohne darin implantiert zu werden) und so auf nichtinvasive Weise Gehirnsignale empfangen kann: ECoG nimmt eine Menge an Gehirnsignalen auf, die ein Computeralgorithmus interpretieren und dann den Roboterarm gemäß den Absichten der Person bewegen kann. In einem nächsten Schritt plant das Team, eine drahtlose Technologie zu entwickeln und Sensoren in die Prothese einzupflanzen, die Signale zurück an das Gehirn senden können, um Empfindungen zu simulieren. Die Pointe ist hier kaum zu verpassen. Technologie-Gnostiker versprechen uns, dass wir durch das Anschließen unseres Gehirns an Maschinen in ein posthumanes Zeitalter eintreten und zu dem engelsgleichen Status vor dem Sündenfall zurückkehren werden: Sex ist nicht mehr länger nötig, unser Geist wird direkt kommunizieren und unsere Körper werden auf externe Instrumente reduziert, die durch Klonen und andere wissenschaftliche Verfahren hergestellt werden. In Mr Hemmes Fall allerdings wurde die Wissenschaft mobilisiert, um einen Mann zu befähigen, eine Frau zu berühren, sein Sexualobjekt und – laut Bibel – die Ursache für seinen Sündenfall. Was bedeutet also die Aussicht solcher direkter neurobiologischer Eingriffe für unser Sexualleben?

Gegen Ende des Jahres 1925 schrieb Andrej Platonov – gemeinsam mit Beckett und Kafka einer der drei *absoluten* Schriftsteller des 20. Jahrhunderts – einen einzigartigen Kurzessay namens »Der Antisexus«.[7] Darin stellt er sich als Übersetzer einer Propaganda-Broschüre eines großen westlichen Unternehmens vor, das in den sowjetischen Markt einsteigen möchte. Nach der Einführung des Übersetzers beschreibt der Direktor des Unternehmens das Produkt, und was folgt, sind kurze Kommentare von bekannten Figuren des öffentlichen Lebens (von Mussolini bis Gandhi, Henry Ford bis Charlie Chaplin und von J. M. Keynes bis Hindenburg) über das Produkt – eine massenhaft produzierte Masturbationsmaschine, die es dem Benutzer ermöglicht, einen schnellen und intensiven Orgasmus zu erreichen. Auf diese Weise kann die Menschheit von den Komplikationen sexueller Liebe befreit werden: Sexuelle Bedürfnisse verlieren ihren unkontrollierbaren Charakter, sie setzen nicht mehr den zeit- und energieraubenden Verführungsprozess voraus und werden jedem in einer einfachen und planbaren Weise verfügbar gemacht und versprechen somit eine neue Epoche von innerem Frieden. Obwohl es sich bei »Antisexus« offenkundig um eine Satire handelt, werden die Dinge kompliziert, wenn es daran geht, das genaue Objekt der

Satire zu bestimmen. Normalerweise wird angenommen, dass Chaplins Kommentar, welcher den einzig negativen darstellt und behauptet, dass das Produkt uns des intensiven, zwischenmenschlichen und zutiefst spirituellen Kontakts berauben wird, der wahre sexuelle Liebe auszeichnet, Platonovs eigene Position darstellt. Aber ist das so?

Die Bedeutung von »Der Antisexus« liegt paradoxerweise darin, dass er drei Ausrichtungen zusammenbringt, die voneinander unabhängig sind und sich manchmal sogar ausschließen: erstens die Gleichsetzung von Sex mit dem Sündenfall, was die gnostische dualistische Tradition charakterisiert. Der Gnostizismus behauptet, über eine direkte spirituelle Einsicht in unsere Realität zu verfügen, die sich aus zwei gegensätzlichen Kräften zusammensetzt: Licht und Dunkel, Gut und Böse. Die materielle Welt der Fortpflanzung ist per definitionem böse und wurde von einem niederen himmlischen Demiurgen geschaffen, nicht von Gott selbst (die Sekte der *Skopcy*, deren männliche Mitglieder sich freiwillig selbst kastrierten, hatte Platonov zutiefst beeindruckt). Zweitens die biotechnologische Vorstellung einer totalen Regulierung und selbst Abschaffung des Sex; und drittens die Kommodifizierung von Sex in der kapitalistischen Konsumkultur. Die moderne Biotechnologie eröffnet eine neue Möglichkeit, den alten gnostischen Traum, den Sex loszuwerden, zu verwirklichen – allerdings wird das *Gadget* vom Kapitalismus hervorgebracht und präsentiert sich als die vollendete Ware.

Im Nachhinein passt der von Platonov erdachte Apparat bestens zum aktuellen Umbruch der vorherrschenden Libidoökonomie, in dessen Verlauf das Verhältnis zum menschlichen Anderen graduell ersetzt wird durch die Faszination der Individuen für das, was Lacan mit dem Neologismus *les lathouses* bezeichnet hat: konsumorientierte Objekt-Spielereien, die die Libido mit ihrem Versprechen anziehen, exzessiven Genuss zu liefern, aber die tatsächlich nur den Mangel daran reproduzieren. (Der Genuss, den ein Sexspielzeug liefert, macht bloß Hunger nach mehr – je mehr wir es nutzen, desto mehr haben wir das Verlangen, es wieder zu nutzen.)

Auf diese Weise nähert sich die Psychoanalyse der libidinösen subjektiven Wirkung von neuen technologischen Erfindungen: »Technologie ist ein Katalysator, sie vergrößert und steigert etwas, das bereits da ist«[8] – in diesem Fall eine phantasmatische virtuelle Tatsache. Und selbstverständlich verändert diese Verwirklichung die gesamte Konstellation: Sobald die Phantasie realisiert ist, sobald das phantasmatische Objekt direkt in der Realität erscheint, ist die Realität nicht mehr dieselbe. Und tatsächlich findet man auf dem heutigen Markt ein Spielzeug, das dem von Platonov imaginierten recht ähnlich ist: die sogenannte »Stamina Trainingseinheit«, eine Masturbationsvorrichtung, die wie eine Taschenlampe aussieht (so dass es uns nicht peinlich sein muss, wenn wir sie mit uns herumtragen). Man steckt den erigierten Penis in die obere Öffnung und bewegt das Ding auf und ab bis zum Orgasmus. Das Produkt ist in verschiedenen Farben, Größen und Formen zu haben, die alle drei Öffnungen für die sexuelle Penetration imitieren (Mund, Vagina, Anus). Man kauft hier lediglich das Partialobjekt (die erogene Zone), die der peinlichen zusätzlichen Last der ganzen Person entkleidet ist. Während phallische Vibratoren schon lange erhältlich sind, geht die »Stamina Trainingseinheit« noch einen Schritt weiter und übernimmt den männlichen Gegenpart.

Wie sollen wir mit dieser schönen neuen Welt umgehen,

die die grundlegenden Prämissen unseres sozialen Lebens und unseres innersten Selbstverständnisses untergräbt? Die letzte Lösung läge natürlich darin, einen Vibrator in die »Stamina Trainingseinheit« einzuführen, beide anzuschalten und allen Spaß diesem »idealen Paar« zu überlassen, während wir menschliche Subjekte auf die Position entrückter Zuschauer des mechanischen Wechselspiels reduziert sind. Dies führt uns zum Buddhismus; wenn wir, nachdem wir die buddhistische Erleuchtung erreicht haben – die vollständige Loslösung von der materiellen Realität –, uns auf den Sexualakt einlassen würden: Entspräche unsere Erfahrung dann nicht genau der eines Beobachters des Wechselspiels beider Sexspielzeuge? Was wäre, wenn die wachsende Beliebtheit des Buddhismus mehr ist als nur eine Modeerscheinung? Zwei Eigenschaften sind unserer Zeit wesentlich: die Expansion des globalen Kapitalismus mit seinem hektischen Rhythmus der Autoreproduktion und die Schlüsselrolle der Wissenschaften. In beiden Fällen drängt sich der Buddhismus als die angemessenste Reaktion auf: als subjektive Haltung, die sich am besten eignet, dem globalen Kapitalismus und der wissenschaftsgläubigen Weltsicht Einhalt zu gebieten.

Obwohl sich der Buddhismus als Gegenmittel zur aufreibenden Spannung der kapitalistischen Dynamik präsentiert und uns erlaubt, uns abzukoppeln und inneren Frieden und *Gelassenheit* (dt. im Original) zu erreichen, funktioniert er eigentlich als das perfekte ideologische Supplement des Kapitalismus. Man muss hier das altbekannte Thema des »Zukunftsschocks« erwähnen, d. h., wie die Menschen heute psychisch nicht mehr in der Lage sind, mit dem schwindelerregenden Tempo der technischen Entwicklungen und den sozialen Veränderungen, die damit einhergehen, fertig zu werden. Die Dinge bewegen sich schlicht zu schnell; bevor man sich an eine Erfindung gewöhnen kann, wird sie schon wieder durch eine neue ersetzt, so dass man nicht mehr in der Lage ist, die grundlegendsten kognitiven Prozesse zu vollziehen, um diese Entwicklungen zu erfassen. Der Rückgriff auf den Taoismus oder Buddhismus bietet einen Ausweg aus dieser misslichen Lage, der besser funktioniert als die verzweifelte Flucht in alte Traditionen: Anstatt zu versuchen, mit dem beschleunigten Tempo des technischen Fortschritts und des sozialen Wandels umzugehen, sollte man die Anstrengung aufgeben, die Kontrolle über das zu behalten, was vor sich geht, und sie als Ausdruck der modernen Logik der Beherrschung zurückweisen. Stattdessen sollte man »sich gehen lassen«, sich treiben lassen, während man sich eine innere Distanz und Gleichgültigkeit dem verrückten Tanz des beschleunigten Fortschritts gegenüber bewahrt, eine auf die Einsicht gegründete Distanz, dass all diese sozialen und technologischen Umwälzungen letztlich nur eine substanzlose Ausbreitung von Erscheinungen sind, die den innersten Kern unseres Seins nicht wirklich betreffen. Man ist fast versucht, das berüchtigte marxistische Klischee von der Religion als »Opium des Volkes« wiederzubeleben. Der westliche buddhistische Pfad der Meditation scheint für uns der effizienteste Weg zu sein, an der kapitalistischen Dynamik teilzuhaben und dabei den Anschein von geistiger Gesundheit aufrechtzuerhalten. (Wenn der Soziologe Max Weber heute leben würde, hätte er mit Sicherheit einen zweiten ergänzenden Band zu seinem wichtigsten Text *Die protestantische Ethik und der Geist des Kapitalismus* (1904) verfasst mit dem Titel *Die taoistische Ethik und der Geist des globalen Kapitalismus*.)

Und gilt nicht dasselbe noch mehr für die verstörenden

Ergebnisse der Neurowissenschaften? Stellt der Buddhismus hier nicht ebenfalls die einzig konsistente Antwort zur Verfügung? Die Neurowissenschaften erzählen uns, dass das Konzept des Selbst als einem freien autonomen Subjekt eine reine Anwender-Illusion sei; es gibt kein Selbst, nur objektive neuronale Prozesse. Die Schlüsselfrage ist hier: Wie können wir uns als Menschen zu dieser Einsicht verhalten? Ist es möglich, die selbst-lose Welt nicht nur als theoretisches Modell zu denken, sondern sie auch so zu leben? Als »niemand zu sein« leben? Philosophen und Wissenschaftler schlagen hier unterschiedliche Antworten vor. Ihre vorherrschende Haltung ist, sich in die Lücke zwischen dem wissenschaftlichen Blick auf uns und unsere alltägliche Selbst-Erfahrung als freie autonome Handelnde zu fügen. Obwohl uns die Wissenschaft erzählt, dass es kein Selbst mit freiem Willen gibt, sondern nur »objektive« neuronale und biologische Prozesse, werden wir uns dennoch immer als Selbst empfinden – in derselben Art und Weise, in der wir, obwohl wir wissen, dass sich die Erde um die Sonne dreht, sagen, dass die Sonne auf- und untergeht.

Einige Philosophen (wie Jürgen Habermas) behaupten, dass unsere Selbstwahrnehmung als frei und verantwortlich Handelnde nicht bloß eine notwendige Illusion ist, sondern eine notwendige transzendentale Bedingung von wissenschaftlicher Erkenntnis. Habermas hat seine Position als Antwort auf ein Manifest entwickelt, in dem elf deutsche Neurowissenschaftler behaupten, dass unser gewöhnlicher Begriff vom freien Willen kurz davorsteht, von den neueren Fortschritten in der Neurobiologie über den Haufen geworfen zu werden: »Was unser Bild von uns selbst betrifft, stehen uns also in sehr absehbarer Zeit beträchtliche Erschütterungen ins Haus.«[9] Für Habermas allerdings setzt die wissenschaftliche Objektivierung von Menschen die Teilnahme an einem intersubjektiven System sprachlicher Praktiken voraus, deren normativer Wert die kognitive Aktivität des Wissenschaftlers bedingt.[10] Kurz, wir sollten niemals vergessen, dass das wissenschaftliche Bild des Menschen als einer neurobiologischen Maschine das Ergebnis einer kollektiven wissenschaftlichen Praxis ist, in der wir alle als freie rational Handelnde agieren.

Schließlich gibt es einige Hirnforscher (wie Patricia und Paul Churchland), die behaupten, dass wir biologisch nicht mit unserem alltäglichen Selbstverständnis als freies autonomes Selbst verdrahtet sind: Dieses Selbstverständnis ist determiniert durch die beschränkte Reichweite unseres traditionellen Wissens, so dass wir sehr wohl ein neues alltägliches Selbstverständnis denken und anstreben können, das sich auf der Höhe unseres wissenschaftlichen Bildes vom menschlichen Dasein bewegt. Das wissenschaftliche Bild in unser Alltagsleben zu integrieren, würde uns einiger Illusionen berauben (von Freiheit und Verantwortung), aber zugleich würde es unsere sozialen Praktiken von Strafe und Repression entlasten. Das Problem bei dieser Sichtweise ist die implizite Naivität; Wissenschaftler, die dafür in die Bresche springen, unterstellen, dass das autonome Subjekt noch hier ist und frei über seine »Natur« entscheiden kann. Dies führt uns zurück zu unserer Ausgangsfrage: Ist es für ein menschliches Wesen möglich, die Tatsache zu *leben*, dass das Selbst nicht existiert, und diese Tatsache als unmittelbaren Geisteszustand zu erfahren? Die zustimmende Antwort auf diese Frage hat der deutsche Philosoph und Hirnforscher Thomas Metzinger gegeben.[11]

Metzinger gesteht zu, dass wir nicht anders können, als uns selbst als »Selbst« wahrzunehmen: Man kann wissen, dass es etwas wie eine Essenz des Selbst nicht gibt, aber man kann es nicht wirklich leben – mit einer Ausnahme: der buddhistischen Erleuchtung. Das Selbst erlebt sich dabei unmittelbar, in seiner innersten Selbsterfahrung, als ein Nicht-Sein, d.h. es erkennt sich als »simuliertes Selbst«, als eine repräsentationale Fiktion. Ein solches erleuchtetes Bewusstsein ist nicht mehr länger Selbst-Bewusstsein: Es ist nicht mehr »ich«, der mich als Handelnder meiner Gedanken erlebt; »mein« Bewusstsein ist das direkte Bewusstsein eines selbst-losen Systems, eines selbst-losen Wissens. Kurz, *es gibt* tatsächlich eine Verbindung zwischen der Position der radikalen Hirnforschung und der buddhistischen Idee des *an-atman* (der Nicht-Existenz des Selbst). Der Buddhismus liefert eine Art subjektive Ereigniswerdung des wissenschaftlichen Kognitivismus: Das Ereignis, das stattfindet, wenn wir die Ergebnisse der Hirnforschung vollständig annehmen, ist das Ereignis der Erleuchtung, das Erreichen des Nirwana, das uns von den Beschränkungen unseres Selbst als autonom substantiell Handelnde befreit. Aber funktioniert diese Lösung?

Der Buddhismus beschäftigt sich mit dem Problem des Leidens, und sein erstes Axiom lautet: Wir wollen nicht leiden.[12] (Für einen Freudianer ist das bereist problematisch und weit entfernt davon, selbstverständlich zu sein – nicht nur im Namen eines obskuren Masochismus, sondern im Namen der tiefen Befriedigung durch eine leidenschaftliche Bindung. Ich bin bereit, für eine politische Sache zu leiden; wenn ich leidenschaftlich verliebt bin, bin ich bereit, mich der Leidenschaft zu unterwerfen, selbst wenn ich schon vorher weiß, dass es wahrscheinlich in einer Katastrophe enden wird und dass ich leiden werde, wenn die Affäre vorüber ist. Aber selbst an diesem Punkt der Misere würde ich auf die Frage: »War es das wert? Du bist am Ende!« mit einem bedingungslosen »Ja! Jeder Moment war es wert! Und ich würde es genau so wieder tun!« antworten.) Die Quelle des Leidens liegt in dem unstillbaren Verlangen der Menschen nach Dingen, die sie, selbst wenn sie sie bekommen, niemals zufriedenstellen werden. Das Ziel der buddhistischen Praxis ist die Befreiung vom Leiden (Erleuchtung, Erwachen) – alles, was ein Buddhist tut, tut er letztlich für das Erreichen der Erleuchtung. Die buddhistische Praxis konzentriert sich an erster Stelle auf eine Moralität, die zur Erleuchtung führt; aber die Moral ist nur der erste Schritt auf diesem Weg. Wie bei jeder Reise muss man sich auf diese Suche einlassen und hartnäckig an ihr festhalten, um das Endziel der Freiheit vom Leiden zu erreichen: Das angemessene Verhalten allein ist nicht ausreichend, es muss durch das angemessene Bewusstsein ergänzt werden.

Die buddhistische Praxis beginnt also mit dem Verhalten, mit der Analyse (und der Veränderung) unserer Verhaltensweisen. Es gibt keine höheren Mächte (wie Götter), die unsere Handlungen von außen diktieren oder beurteilen: Unsere Handlungen schaffen gleichsam ihre eigenen immanenten Kriterien darüber, wie sie sich in ihren allgemeinen Kontext einfügen und wie sie das Leiden verstärken oder reduzieren (unser eigenes und das aller fühlenden Wesen). Das ist mit dem Begriff des Karmas gemeint: Wir handeln nie isoliert, unsere Handlungen hinterlassen immer Spuren, und diese Spuren – die gut, schlecht oder neutral sein können – verfolgen den Handelnden noch lange, nachdem die Handlung vollzogen ist. Hier kommt die allgemeine Moral ins Spiel: Im ersten Schritt der buddhistischen Praxis geht es darum, uns darin einzuüben, die ungesunden Handlungen zu identifizieren und uns schrittweise von ihnen zu lösen. Sie ereignen sich auf drei Ebenen: Körper, Sprache und Geist. Es gibt drei ungesunde, unzuträgliche Handlungen des Körpers, die es zu vermeiden gilt (töten, stehlen und sexuelles Fehlverhalten), vier sprachliche Handlungen (lügen, verleumden, Schroffheit und bösartiges Klatschen) und drei geistige Handlungen (aus Gier, Wut und Wahn). Wenn wir diese drei ungesunden Handlungen schrittweise reduzieren und den »Mittelweg« der Vermeidung von Extremen verfolgen, stehen wir kurz davor – wenn auch noch nicht ganz –, die Erleuchtung zu erreichen, in der wir die Loslösung von den Objekten erlangen und auf diese Weise vom Leiden (*dukkha*) und vom unaufhörlichen Zirkel der Wiedergeburten (*samsara*) erlöst werden. Was geschieht also mit unserem Karma, wenn wir uns im Nirwana befinden (dem buddhistischen »Subjektmangel«)? Hinterlassen unsere Handlungen gute Spuren? Die buddhistische Antwort lautet: nein, wenn wir uns im Nirwana befinden, hinterlassen unsere Handlungen *keine* Spuren, wir sind weit entfernt – *entzogen* – vom Rad des Begehrens. Hier gibt es allerdings ein Problem: Wenn angemessen gute Handlungen (die elementare Moral, mit der die buddhistische Praxis beginnt) uns dabei helfen, uns von unseren exzessiven Bindungen zu lösen, ist es dann nicht so, dass wir im Nirwana auch dazu fähig sein sollten, selbst brutale Übeltaten in einer solchen Weise auszuführen, dass sie keine Spuren hinterlassen, weil wir sie aus einer Distanz heraus begehen? Wäre nicht diese Fähigkeit genau das Erkennungszeichen eines wahren Bodhisattwas? Dies ist nicht nur ein Ergebnis abstrakter Spekulation, sondern eine historische Realität: Es existiert eine lange Tradition buddhistischer Krieger, vom alten Tibet bis zum heutigen Japan und Thailand, die behaupten, dass die losgelöste Haltung der Erleuchtung eine perfekte kalte Tötungsmaschine hervorbringt.[13]

Um diesen entscheidenden Punkt zu klären, muss man den Schlüsselmoment des buddhistischen Wegs betrachten, den reflexiven Wechsel vom Objekt zum Denkenden selbst. Zunächst isolieren wir dasjenige, was uns stört, die Ursache unseres Leidens; dann ändern wir – nicht das Objekt, sondern uns selbst, die Art und Weise, in der wir uns zu der Ursache unseres Leidens (oder dem was uns so erscheint) in Beziehung setzen: »Was er beseitigte, war nur die *falsche Sicht* des Selbst. Was immer schon illusorisch war, verstand er nun als solches. Nichts veränderte sich außer der Perspektive des Betrachters.«[14] Diese Verschiebung beinhaltet großen Schmerz; es ist nicht einfach eine Befreiung, ein Schritt in die inzestuöse Seligkeit, die Freud das »ozeanische Gefühl« genannt hat, sondern die gewaltsame Erfahrung, den Boden unter den Füßen zu verlieren, des am meisten vertrauten Bestandteils des eigenen Seins beraubt zu werden. Dies ist der Grund, warum der Weg zur buddhistischen Erleuchtung mit der Konzentration auf das grundlegende Gefühl der »verletzten Unschuld«, des Erleidens einer Ungerechtigkeit ohne Grund (das bevorzugte Thema von narzisstisch-masochistischen Gedanken) beginnt: »Wie konnte sie mir das antun? Ich verdiene es nicht, so behandelt zu werden.«[15] Der nächste Schritt besteht darin, die Verschiebung zum Ich selbst zu vollziehen, zum Subjekt dieser schmerzlichen Gefühle, und seinen flüchtigen und irrelevanten Status klar und spürbar zu machen – die Aggression gegen das Objekt, das das Leiden hervorruft, sollte stattdessen gegen das Selbst gerichtet werden. Wir reparieren den Schaden nicht: Wir gewinnen einen Einblick in die illusorische Natur des Schadens, desjenigen, das repariert werden sollte.

Hier stolpern wir jedoch über eine grundlegende Zweideutigkeit des buddhistischen Gedankengebäudes: Ist das Nirwana, das Ziel buddhistischer Meditation, nur diese veränderte Haltung des Subjekts gegenüber der Realität? Oder ist das Ziel die fundamentale Verwandlung der Realität selbst, so dass alles Leiden verschwindet und alle Lebewesen von ihrem Leiden erlöst werden? Die Frage ist letztendlich also, ob das Bemühen, ins Nirwana zu gelangen, nicht zwischen zwei radikal entgegengesetzten Polen gefangen ist, dem minimalistischen und dem maximalistischen. Einerseits bleibt die Realität, wie sie ist, nichts verändert sich, sie wird nur vollständig als das wahrgenommen, was sie ist, ein reiner substanzloser Fluss von Phänomenen, die die Leere im Herzen unseres Seins nicht eigentlich betrifft. Andererseits ist das Ziel, die Realität selbst zu verändern, so dass es in ihr kein Leiden mehr geben wird und alle Lebewesen ins Nirwana Eingang finden.

Das Schlüsselproblem kehrt in verschiedenen Versionen zurück und wiederholt sich in verschobenen Formen: 1. Wenn wir die Erleuchtung erreichen und uns befreien, sollen wir dort bleiben oder sollten wir, aus Liebe zur leidenden Menschheit, zurückkehren, um anderen dabei zu helfen, sich zu befreien? 2. Ist es möglich, die Lücke zwischen Erleuchtung und ethischer Aktivität zu überwinden: »Wie gelangt man von der metaphysischen Einsicht, dass ich kein Selbst habe, zu der Ethik des Mitleids und liebenden Freundlichkeit für andere, die ebenfalls kein Selbst sind?«[16] Ist es nicht auch möglich, aus *an-atman* die gegenteilige Schlussfolgerung zu ziehen: vollständig in der Gegenwart zu leben und alle möglichen Vergnügungen zu verfolgen, ohne sich um andere zu kümmern? 3. Wie sollen wir zwischen dem durch harte Arbeit, Disziplin und Meditation erreichten Glück und demjenigen, das durch magische Pillen (falscher Glaube, chemische Stoffe) erreicht wird, unterscheiden, wenn es keine immanente Unterscheidung in der Qualität des Glücks gibt? Mit anderen Worten, »unverdientes« Glück ist trotzdem Glück. (Wenn wir außerdem erst einmal wissen, dass Glück durch chemische Stoffe erreicht werden kann, müssen wir dann nicht akzeptieren, dass *alles* Glück auf chemischen Prozessen gründet, inklusive jenen, die in unserem Gehirn stattfinden, wenn wir meditieren?) Es gibt also wirklich keinen Unterschied zwischen dem verdienten und dem unverdienten Glück: In beiden Fällen ist der zugrundeliegende Prozess ein chemischer. Zugespitzt formuliert: Wenn die Erleuchtung durch chemische Mittel (»Erleuchtungspillen«) ausgelöst werden kann, ist es dann immer noch eine wirkliche Erleuchtung, ein authentisches spirituelles Ereignis?

Diese Sackgassen des Buddhismus zeigen, dass es schwierig, wenn nicht gar vollkommen unmöglich ist, die Dimension der Subjektivität im Sinne von freiem und verantwortungsvollem Handlungsvermögen abzuschütteln. Es liegt immer etwas Falsches darin, das Schicksal zu akzeptieren oder sich selbst als objektives Wesen zu behandeln, als neurobiologische Realität. Diese Falschheit wird überdeutlich darin, wie Ted Hughes von seinem Verrat an Sylvia Plath berichtet. Wenn es in der modernen Literatur jemals jemanden gegeben hat, der beispielhaft für moralische Niedertracht steht, dann ist es Ted Hughes. Die wahre Andere Frau, der Fokus der Hughes-Plath-Saga, die von beiden Lagern ignoriert wird, ist Assia Wevill, eine dunkelhaarige jüdische Schönheit, eine Holocaust-Überlebende und Teds Geliebte, deretwegen er Sylvia verließ. Das war genau, als verließe er eine Ehefrau und heiratete die »Verrückte auf dem Dachboden« (*The Madwoman in the Attic*) – aber wie ist sie überhaupt verrückt geworden? 1969 brachte sie sich auf dieselbe Weise um wie Sylvia (indem sie sich selbst vergaste), aber tötete zugleich auch ihre Tochter Shura, die von Hughes stammte. Warum? Was brachte *sie* zu dieser unheimlichen Wiederholung? *Dies* war Teds eigentlicher ethischer Verrat, nicht der an Sylvia. Aus dieser Perspektive werden seine *Birthday Letters*, mit ihrer falschen Mythologisierung, zu einem ethisch abstoßenden Text, der allein die dunklen Mächte des Schicksals für alles verantwortlich macht, die unser Leben regieren, und er führt Assia als die dunkle Verführerin vor: »Du bist die dunkle Kraft. Du bist die zerstörerische Kraft, die Sylvia zerstörte.«[17]

Erinnern wir uns an die Zeile aus Oscar Wildes *Ernst und seine tiefere Bedeutung* (*The Importance of Being Earnest*): »Einen Elternteil zu verlieren, könnte man als unglückliche Fügung betrachten. Aber beide? ... das klingt nach Schlamperei.«[18] Gilt nicht dasselbe für Ted Hughes? »Eine Frau durch Selbstmord zu verlieren, könnte man als unglückliche Fügung betrachten. Aber beide? ... das klingt nach Schlamperei.« Hughes Version ist eine lange Variation auf Valmonts »ce n'est pas ma faute« aus *Gefährliche Liebschaften*: Ich war es nicht, es war das Schicksal – wie Hughes es ausdrückt, ist Verantwortung »ein Hirngespinst, allein gültig in einer Welt von Anwälten als Moralisten«.[19] All sein Geschwätz von der weiblichen Gottheit, dem Schicksal, der Astrologie etc. ist ethisch wertlos, eine reine Übung in Mythologisierung, deren Ziel es ist, den Anderen zu beschuldigen. Auf dieser Ebene unseres praktisch-ethischen Lebens gerät jeder Versuch, Verantwortung abzuschütteln und uns selbst als unfreie Mechanismen zu fassen, in ein Double-Bind-Verhältnis zur Freiheit; ja, wir sind verurteilt, das Schicksal zieht die

Strippen, jeder Manipulator wird selbst manipuliert, jeder frei Handelnde, der sein Schicksal in die Hand nimmt, wird getäuscht – diese Zwangslage der Hilflosigkeit angesichts größerer Mächte jedoch einfach gutzuheißen und hinzunehmen, ist ebenfalls eine Illusion, eine eskapistische Vermeidung der Last der Verantwortung.

Wir können uns dem Griff des Schicksals nicht entziehen, aber gleichzeitig können wir uns auch vor der Last der Verantwortung nicht ins Schicksal flüchten. Ist dies nicht der Grund, warum die Psychoanalyse beispielhaft für unsere Notlage ist? Ja, wir sind dezentriert, gefangen in einem fremden Spinnennetz, überdeterminiert durch unbewusste Mechanismen; ja, ich werde mehr gesprochen, als dass ich spreche, der unbewusste Andere spricht durch mich, aber diese Tatsache einfach anzunehmen (in dem Sinne, dass man die eigene Verantwortung ablehnt), ist auch falsch, ein Fall von Selbsttäuschung. Die Psychoanalyse macht mich sogar *noch verantwortungsvoller* als es traditionelle Moral tut; sie macht mich verantwortlich für das, was über meine (bewusste) Kontrolle hinausgeht.

Dies bedeutet, dass die Dimension von Subjektivität (im Sinne eines freien autonomen Handlungsvermögens) irreduzibel ist: Wir können sie nicht loswerden; sie geistert in jedem Versuch, sie zu überwinden, weiter herum. Der moderne wissenschaftliche Naturalismus und der Buddhismus ergänzen sich tatsächlich: Obwohl sie als einander vollkommen entgegengesetzt erscheinen mögen (kalter wissenschaftlicher Rationalismus vs. die ätherische buddhistische Spiritualität), sind sie in ihrer Ablehnung des Selbst als freiem verantwortungsvoll Handelnden einig. Aber die Sackgassen dieser beiden Positionen zeigen, dass das Ereignis, für das jede von ihnen steht – das Ereignis radikaler Naturalisierung des Menschen in den Neurowissenschaften, das Ereignis der Erleuchtung, des Betretens des Nirwana, im Buddhismus –, unweigerlich fehlschlägt: Das wahre Ereignis ist das Ereignis der Subjektivität selbst, so illusorisch es auch sein mag. Unser nächster Halt sollte daher die westliche Philosophie sein, die ihren Gipfel im Subjektivitätsdenken erreicht; wir werden uns zu zeigen bemühen, wie der Status der Subjektivität selbst ereignishaft ist.

Vierter Halt – Die drei Ereignisse
der Philosophie

Es gibt drei (und nur drei) zentrale Philosophen in der Geschichte der westlichen Metaphysik: Platon, Descartes und Hegel. Jeder führte einen klaren Bruch mit der Vergangenheit herbei: Nichts blieb so, wie es war, nachdem sie die Szene betreten hatten. Platon brach mit der vorsokratischen Kosmologie auf der Suche nach der inneren Harmonie des Universums und begründete den metaphysischen Idealismus. Descartes brach mit der mittelalterlichen Vision einer Realität als bedeutungsvolle hierarchische Ordnung und führte zwei grundlegende Zutaten in die philosophische Moderne ein – den Begriff einer unbegrenzten und bedeutungslosen mechanischen materiellen Realität und das Prinzip der Subjektivität (»Ich denke, also bin ich«) als letzte Begründung unseres Wissens. Hegel schließlich brach mit der traditionellen Metaphysik – idealistischer oder materialistischer Natur – und führte das Zeitalter der radikalen Geschichtlichkeit ein, bei dem alle festen Formen, sozialen Strukturen und Prinzipien als Ergebnis eines kontingenten historischen Prozesses betrachtet werden.

Jeder der drei Denker wirft einen langen Schatten über jene, die ihm folgen, allerdings in einer besonderen *negativen* Weise. Michel Foucault (1926–1984) hat einmal gesagt, dass die gesamte Geschichte der westlichen Philosophie als eine Geschichte der Zurückweisung von Platon verstanden werden kann; selbst heute sind sich Marxisten und antikommunistische Liberale, Existentialisten und analytische Empiristen, Heideggerianer und Vitalisten in ihrem Anti-Platonismus einig. Das Gleiche gilt für Descartes. Er wird von Ökologen, Feministinnen, Hirnforschern, Heideggerianern (schon wieder), Pragmatisten, Vertretern des »linguistic turn« in der Philosophie usw. schlechtgemacht. Und Hegel schließlich ist die äußerste *bête noire* der letzten zweihundert Jahre der Philosophie, kritisiert von Marxisten, Liberalen, religiösen Moralisten, Dekonstruktivisten und angelsächsischen Empiristen (unter anderen).

Ist dieser außergewöhnliche Status von Platon, Descartes und Hegel nicht der letztgültige Beweis dafür, dass wir es in jedem dieser Fälle mit einem philosophischen Ereignis zu tun haben im Sinne *eines traumatischen Eindringens von etwas Neuem, das für die vorherrschende Sicht inakzeptabel bleibt?* So wie jeder dieser Denker für ein Ereignis in der Philosophie steht, so steht er darüber hinaus auch für einen Moment des Wahnsinns: den Wahnsinn, von einer Idee ergriffen zu sein (wie sich verlieben, so wie Sokrates unter dem Bann seines Dämons), den Wahnsinn im Zentrum von Descartes' *Cogito* (was die Mystiker die »Nacht der Welt« nennen, den Rückzug aus der äußeren Realität in die Abgründe der Subjektivität) und den Wahnsinn von Hegels absolutem Idealismus, der vorgibt, den ganzen Reichtum der Realität aus der Selbstentfaltung der Idee zu gewinnen. Man kann daher behaupten, dass Philosophien, die Platon, Descartes oder Hegel folgen, allesamt Versuche sind, diesen Überschuss an Wahnsinn in Grenzen zu halten/zu kontrollieren, ihn zu renormalisieren und wieder in den normalen Lauf der Dinge einzuschreiben.

Dennoch liegt der Hauptgrund, sich mit diesen drei Denkern zu beschäftigen, woanders. Jeder von ihnen steht nicht nur für ein Denkereignis, sondern jeder von ihnen ist auch ein *Philosoph des Ereignisses*, das heißt, das zentrale Interesse eines jeden ist das Ereignis: das Ereignis der erschütternden Begegnung mit einer Idee bei Platon, das Erscheinen eines rein ereignishaften *Cogito*, eines Risses in der großen Kette des Seins bei Descartes und das Absolute selbst – die Totalität, die alles, was existiert, übersteigt – als eine ereignishafte Selbstentfaltung, als Ergebnis ihrer eigenen Aktivität bei Hegel.

Abzweig 4.1. – Wahrheit tut weh

In der Lehrbuchversion von Platons Idealismus gilt als einzig wahre Realität nur die unveränderliche ewige Ordnung der Ideen, während die sich stets verändernde materielle Realität nur deren schwacher Schatten ist. Innerhalb einer solchen Sichtweise gehören Ereignisse zu unserer instabilen materiellen Realität und betreffen nicht die ewige Ordnung der Ideen, wo genau nichts geschieht. Ist das jedoch die einzige Lesart von Platon? Erinnern wir uns an Platons Beschreibung von Sokrates, wenn er von einer Idee ergriffen ist: Als ob er das Opfer eines hysterischen Anfalls wäre, das stundenlang wie eingefroren an Ort und Stelle steht und die Realität um sich herum vergisst. Beschreibt Platon hier nicht ein Ereignis *par excellence*, eine plötzliche traumatische Begegnung mit einer anderen, übersinnlichen Dimension, die uns wie der Blitz trifft und unser gesamtes Leben erschüttert? Die allererste und elementarste Form einer solchen Begegnung ist für Platon die Erfahrung der Liebe, und es verwundert nicht, dass er in seinem Dialog

Phaedrus Liebe mit Wahnsinn vergleicht, mit Besessenheit – verhält es sich nicht so, wenn wir leidenschaftlich lieben? Ist Liebe nicht eine Art permanenter Ausnahmezustand? Alles Wohlausgewogene unseres täglichen Lebens gerät aus dem Gleichgewicht, alles, was wir tun, ist von einem zugrundeliegenden Gedanken »dass« gefärbt – oder, wie Neil Gaiman, Autor der berühmten *Sandman*-Comic-Serie, in einer unvergesslichen Passage schreibt:

> »Waren Sie je verliebt?« »Kann man wohl sagen.« »Schrecklich, oder?« »In welcher Hinsicht?« »Es macht einen so verletzlich. Es reisst einem die Brust auf und das Herz, und es kann jemand hineinschlüpfen und einen wahnsinnig machen. Jahrelang baut man diese Abwehrmechanismen, diesen ganzen Panzer auf, damit man nicht verletzt wird. Dann tritt ein dummer Mensch in dein dummes Leben, er ist nicht anders als alle anderen … Man gibt ihm ein Stück von sich selbst. Er fragt gar nicht danach. Aber eines Tages macht er etwas Blödes wie einen küssen oder anlächeln, und dann gehört einem das eigene Leben nicht mehr. Die Liebe nimmt Geiseln. Kriecht in einen. Frisst einen leer. Und lässt einen weinend im Dunklen sitzen, und ein einfacher Satz wie ›Vielleicht sollten wir Freunde bleiben‹ oder ›Wie scharfsinnig‹ wird zu einem Glassplitter, der sich ins Herz arbeitet. (…) Das tut weh. Nicht nur in der Vorstellung. Nicht nur im Geist. Es ist ein Seelenschmerz, ein körperlicher Schmerz, ein echter Schmerz, der sich einbrennt und einen in Stücke reisst. Nichts sollte dazu in der Lage sein. Besonders die Liebe nicht. Ich hasse die Liebe.«[1]

Eine solche Situation ist jenseits von Gut und Böse angesiedelt. Wenn wir verliebt sind, dann sind wir hinsichtlich unserer moralischen Verpflichtungen gegenüber unseren Eltern, Kindern und Freunden auf seltsame Weise indifferent – selbst wenn wir sie weiterhin treffen, dann auf mechanische Weise, in einem Zustand des »als ob«. Alles verblasst im Hinblick auf unsere leidenschaftliche Zuneigung. In diesem Sinne ist Sich-Verlieben wie der Blitz, der Saulus/Paulus auf dem Weg nach Damaskus getroffen hat: eine Art religiöse Aufhebung des Ethischen, um Kierkegaards Ausdruck zu benutzen. Ein Absolutes interveniert und wirft den gleichmäßigen Lauf unserer alltäglichen Beschäftigungen aus den Gleisen. Es ist nicht so sehr so, dass die Standardhierarchie der Werte umgekehrt wird – es ist viel radikaler: Eine andere Dimension betritt die Bühne, eine andere Seinsebene. Der französische Philosoph Alain Badiou hat die Parallele zwischen der zeitgenössischen Suche nach einem Sexual- oder Ehepartner über geeignete Dating-Agenturen und der altertümlichen Prozedur der arrangierten Ehen untersucht: In beiden Fällen ist das Risiko aufgehoben, sich zu verlieben. Es gibt keinen eigentlichen zufälligen »Fall« (im Sinne von: to fall in love), das Risiko einer »Liebesbegegnung« wird durch vorherige Arrangements minimiert, die alle materiellen und psychologischen Interessen der betreffenden Parteien berücksichtigen. Der Psychologe Robert Epstein treibt diese Idee bis zu ihrer logischen Schlussfolgerung und liefert uns ihr fehlendes Gegenstück: Wenn man einmal seinen passenden Partner ausgewählt hat, wie kann man dann die Dinge so arrangieren, dass sich beide erfolgreich ineinander verlieben? Ein solches Verfahren der Partnerwahl beruht darauf, sich selbst zur Ware zu machen: Durch die Internet- und Heiratsagenturen präsentieren sich alle zukünftigen Partner als Ware und listen ihre Qualitäten auf und stellen Fotos zur Verfügung. Wenn wir – innerhalb dieses Modells – heute heiraten, dann zunehmend, um die Gewalt des Sich-Verliebens wieder zu normalisieren, jene Gewalt, die so hübsch von dem baskischen Ausdruck für Verlieben angedeutet wird – *maitemindu* –, was wörtlich übersetzt »durch die Liebe geschädigt« bedeutet. Auch aus diesem Grund ist es so heftig und sogar traumatisch, sich in der Position des Geliebten zu befinden. W. B. Yeats' bekannte Zeilen über die Liebe beschreiben tatsächlich eine der klaustrophobischsten Konstellationen, die man sich nur vorstellen kann:

Hätt' ich des Himmels bestickte Kleider,
Durchwirkt mit goldnem und silbernem Licht,
Die blauen, matten und dunklen Kleider,
Der Nacht, des Tags und des halben Lichts,
Ich legte sie zu deinen Füßen aus:
Doch ich bin arm, hab nur meine Träume.
Die legte ich zu deinen Füßen aus,
Tritt sanft, du trittst ja auf meine Träume.[2]

Oder kurz, wie es der französische Philosoph Gilles Deleuze (1925–1995) ausgedrückt hat, »si vous êtes pris dans le rêve de l'autre, vous êtes foutu!« (»Wenn du im Traum des anderen gefangen bist, dann bist du erledigt!«). Selbstverständlich sind wir auf gleiche Weise in einem authentischen politischen Engagement gefangen. In seinem *Streit der Fakultäten* von 1798 hat Kant die schlichte und doch schwierige Frage gestellt: Gibt es in der Geschichte einen echten Fortschritt? (Er meinte einen ethischen Fortschritt der Freiheit, keine lediglich materielle Entwicklung.) Kant räumte ein, dass die reale Geschichte hier unklar sei und keinen eindeutigen Beweis liefere: Man denke daran, wie das 20. Jahrhundert beispiellosen Wohlstand und Demokratie hervorbrachte, aber ebenso Holocaust und Gulag. Dennoch kommt er zu der Schlussfolgerung, dass auch wenn der Fortschritt nicht bewiesen werden kann, wir Zeichen erkennen können, die darauf hindeuten, dass Fortschritt möglich ist. Kant interpretierte die Französische Revolution als ein solches Zeichen, das auf die Möglichkeit von Freiheit hingedeutet habe. Und hier geschah das bisher Undenkbare – ein ganzes Volk erklärte ohne Furcht seine Freiheit und Gleichheit. Viel wichtiger als die – oft blutige – Realität in den Straßen von Paris ist für Kant der Enthusiasmus, den die Ereignisse in Frankreich in den Herzen mitfühlender Beobachter in Europa und in der ganzen Welt hervorgerufen haben:

> Die Revolution eines geistreichen Volkes, die wir in unseren Tagen haben vor sich gehen sehen, mag gelingen oder scheitern; sie mag mit Elend und Greueltaten dermaßen angefüllt sein, daß ein wohldenkender Mensch sie, wenn er sie zum zweitenmale unternehmend, glücklich auszuführen hoffen könnte, doch das Experiment auf solche Kosten zu machen nie beschließen würde – diese Revolution, sage ich, findet doch in den Gemütern aller Zuschauer (die nicht selbst in diesem Spiele mit verwickelt sind) eine *Teilnehmung* dem Wunsche nach, die nahe an Enthusiasm grenzt, und deren Äußerung selbst mit Gefahr verbunden war, die also keine andere als eine moralische Anlage im Menschengeschlecht zur Ursache haben kann.[3]

Ist uns nicht etwas Vergleichbares begegnet, als wir 2011 mit Begeisterung die ägyptischen Aufstände am Tahrir-Platz in Kairo verfolgt haben? Ungeachtet unserer Zweifel, Ängste und Kompromisse war jeder von uns in diesem Augenblick der Begeisterung frei und nahm an der universellen Freiheit der Menschheit teil. Für die Geschichtsskeptiker von heute bleibt ein solches Ereignis das verworrene Ergebnis sozialer Frustrationen und Illusionen, ein Ausbruch, der vermutlich zu einer noch schlimmeren Situation führen wird, als es diejenige ist, gegen die er sich wendet. Wofür diese Skeptiker jedoch blind sind, ist die »wundersame« Natur dieser Ereignisse in Ägypten: Es ist etwas geschehen, das wenige vorausgesehen haben und das gegen die Expertenmeinung verstößt, als ob der Aufstand nicht einfach nur das Ergebnis sozialer Ursachen wäre, sondern das Eingreifen einer fremden Kraft in die Geschichte, einer Kraft, die wir platonisch die Ewige Idee von Freiheit, Gerechtigkeit und Würde nennen können. Solche wundersamen Ereignisse können auch die Form einer kurzzeitigen persönlichen Erfahrung annehmen. Jorge Semprún, Mitglied der Spanischen Kommunistischen Partei, im Exil in Frankreich und von der Gestapo 1943 verhaftet, war in Buchenwald Zeuge der Ankunft einer Waggonladung mit polnischen Juden. Fast zweihundert waren in einen Güterwaggon gestopft worden und tagelang ohne Essen und Trinken in dem kältesten Winter des Krieges unterwegs. Bei ihrer Ankunft waren alle erfroren außer fünfzehn Kindern, die in der Mitte dieses Bündels aus Leibern von den anderen warmgehalten worden waren. Als die Kinder aus dem Waggon gelassen wurden, hetzten die Nazis ihre Hunde auf sie. Kurz darauf waren nur noch zwei fliehende Kinder übrig,

> und der kleinere begann zurückzubleiben, die SS-Männer brüllten hinter ihnen, auch die Hunde begannen zu brüllen, der Blutgeruch brachte sie außer sich, aber da hielt der größere der Jungen im Laufen inne und nahm die Hand des kleineren, der schon stolperte, und sie legten zusammen noch ein paar Meter zurück, die linke Hand des Jüngeren in der rechten des Älteren, bis die Knüppel auch sie niederstreckten und sie nebeneinander mit dem Gesicht zu Boden fielen, ihre Hände auf immer vereint.[4]

Unserer Aufmerksamkeit sollte nicht entgehen, dass das Einfrieren der Ewigkeit als Partialobjekt in den Händen verkörpert ist: Während die beiden Körper der Jungen zugrunde gehen, existieren die beiden ineinandergeklammerten Hände für alle Ewigkeit wie das Lächeln der Edamer Katze. Man kann sich gut vorstellen, wie diese Szene gefilmt würde: Während die Tonspur wiedergibt, was in der Realität vor sich geht (die beiden Kinder werden totgeprügelt), friert das Bild der umklammerten Hände ein und wird unbeweglich für alle Ewigkeit; während der Ton die zeitliche Realität wiedergibt, gibt das Bild die ewige Realität wieder – und Ewigkeit ist hier im striktesten platonischen Sinn zu verstehen. Dennoch gibt es einen großen Unterschied zwischen der Erfahrung, von der Semprún berichtet, und dem Standardlehrbuch-Platonismus, der einem sofort in die Augen springt: Für die Standardversion sind Ideen die einzig wahre materielle Realität, während wir es in Semprúns Fall offenkundig mit einer flüchtigen, trügerischen Erscheinung der Ewigkeit zu tun haben. Wie erklären wir diesen Unterschied?

In einer Geschichte von Agatha Christie entdeckt Hercule Poirot, dass eine hässliche Krankenschwester dieselbe schöne Frau ist, die er auf einer Reise über den Ozean getroffen hat: Sie hat lediglich eine Perücke übergezogen und ihre natürliche Schönheit verschleiert. Hastings, der Watson-ähnliche Begleiter von Poirot, bemerkt traurig, dass, wenn eine schöne Frau sich hässlich machen kann, das Gleiche auch in umgekehrter Richtung gilt: Was bleibt dann von der Verliebtheit eines Mannes jenseits der Täuschung? Kündigt diese Einsicht in die Unzuverlässigkeit der geliebten Frau nicht das Ende der Liebe an? Poirot antwortet: »Nein, mein Freund, sie kündigt den Beginn der Weisheit an.«

Ein solcher Skeptizismus, ein solches Bewusstsein von der täuschenden Natur weiblicher Schönheit schießt am Ziel vorbei, das darin besteht, dass die weibliche Schönheit trotzdem absolut ist, ein Absolutes, das erscheint: Ganz gleich, wie zerbrechlich und täuschend diese Schönheit auf der Ebene der materiellen Wirklichkeit ist, was sich in ihr/ durch sie ereignet, ist ein Absolutes – in der Erscheinung liegt mehr Wahrheit als in dem, was unter ihr verborgen ist.

Darin liegt auch Platons wahre Einsicht, deren er sich selbst nicht ganz bewusst war: Ideen sind nicht die verborgene Realität hinter den Erscheinungen (denn in der Tat war es Platon sehr bewusst, dass diese verborgene Realität eine Realität der sich ständig verändernden verderblichen und verdorbenen Materie ist). Ideen sind im Gegenteil nichts als die bloße Form ihrer Erscheinung, die Form als solche. Nehmen wir einen mathematischen Attraktor, eine ideale Form oder ein Set von Zuständen, die unter der definierten Dynamik gleich bleiben, und auf die eine Variable (die sich entsprechend den Regeln eines dynamischen Systems bewegt) sich über die Zeit hin entwickelt. Die Existenz dieser Form ist rein virtuell: Sie existiert nicht in sich, sie ist nichts anderes als die Gestalt, auf die hin Linien und Punkte tendieren. Dennoch ist das Virtuelle, gerade als eine solche Gestalt, das Reale dieses Bereichs: der unbewegliche Mittelpunkt, um den alle Elemente kreisen – man sollte hier dem Begriff »Form« sein ganzes platonisches Gewicht verleihen, da wir es mit einer »ewigen« Idee zu tun haben, an der die Realität nur unvollkommen teilhat.

Nun können wir die wahre Dimension der platonischen Revolution ermessen, die so radikal war, dass sie von Platon selbst falsch interpretiert worden ist. Platon beginnt mit der

Behauptung einer Lücke zwischen der raum-zeitlichen Ordnung der Realität in ihrer immerwährenden Bewegung von
Werden und Vergehen und der ewigen Ordnung der Ideen,
das heißt der Vorstellung, dass die empirische Realität an
einer ewigen Idee teilhat, dass eine ewige Idee durch sie
hindurchscheinen, in ihr erscheinen kann (das heißt, der
individuelle materielle Tisch vor mir »hat Teil« an der Idee
des Tischs, ist seine Kopie). Wo sich Platon irrt, ist in seiner
Ontologisierung der Ideen: Er nahm an, dass die Ideen eine
andere und sogar substantiellere und stabilere Ordnung der
wahren Realität bilden als unsere gewöhnliche materielle
Realität. Was Platon nicht bereit war zu akzeptieren (oder
was er nicht akzeptieren konnte), war der vollständig virtuelle, immaterielle (oder eher nichtsubstantielle) *ereignishafte* Charakter der Ideen: Ideen sind etwas, das für einen
Augenblick auf der Oberfläche von Dingen erscheint. Man
denke an die alte katholische Strategie, um Männer vor den
Versuchungen des Fleisches zu bewahren: Wenn man vor
sich einen begehrenswerten weiblichen Körper sieht, dann
soll man sich vorstellen, wie er in einigen Jahrzehnten aussehen wird – faltige Haut und hängende Brüste (oder noch
besser soll man sich vorstellen, was schon unter der Haut
lauert: rohes Fleisch und Knochen, Körperflüssigkeiten,
halbverdautes Essen, Exkremente). Denselben Rat hat Marcus Aurelius in seinen *Selbstbetrachtungen* erteilt:

> Es ist gar nicht so unrecht, wenn man sich beim Essen und
> Trinken sagt: also dies ist der Leichnam eines Fisches, dies
> der Leichnam eines Vogels, eines Schweines u.s.w. und beim
> Falernerwein: dies hier der ausgedrückte Saft einer Traube,
> oder beim Anblick eines Purpurkleides: Was Du hier siehst,
> sind Thierhaare in Schneckenblut getaucht – denn solche
> Vorstellungen geben uns ein Bild der Sache, wie sie wirklich

ist, und dringen in ihr inneres Wesen ein. – Man mache es nur überhaupt im Leben so, entkleide Alles, was sich uns als des Strebens würdig aufdrängt, seiner Umhüllung, und sehe von dem äusseren Glanze ab, mit dem es wichtig thut. Der Schein ist ein gefährlicher Betrüger. Gerade wenn Du glaubst mit ernsten und hohen Dingen beschäftigt zu sein, übt er am Meisten seine täuschende Gewalt.[5]

Weit davon entfernt, eine Rückkehr zum Realen zu sein, um den imaginären Bann des Körpers zu brechen, gleicht ein solches Vorgehen der *Flucht vor dem Realen*, dem Realen, das sich in der verführerischen Erscheinung des nackten Körpers ankündigt. In der Entgegensetzung von geisterhafter Erscheinung des sexualisierten Körpers und abstoßendem verfallendem Körper ist es die geisterhafte Erscheinung, welche das Reale ist, und der verfallende Körper die Realität – wir nehmen zum verfallenden Körper Zuflucht, um die tödliche Faszination des Realen zu vermeiden, das damit droht, uns in seinen Strudel zu ziehen.

In der zeitgenössischen Kunst begegnen uns oft brutale Versuche, »zum Realen zurückzukehren«, um den Betrachter (oder Leser) daran zu erinnern, dass er ein Werk der Fiktion wahrnimmt, um ihn aus seinen süßen Träumen zu wecken. Diese Geste nimmt zwei Formen an, die, obwohl entgegengesetzt, auf dasselbe hinauslaufen. In Literatur und Film sind dies selbstreflexive Erinnerungen daran, dass das, was wir betrachten, eine bloße Fiktion ist – wenn die Schauspieler auf der Leinwand uns direkt als Zuschauer ansprechen und damit die Illusion der erzählerischen Fiktion ruinieren, oder wenn der Autor durch ironische Kommentare direkt in die Erzählung eingreift. Im Theater gibt es gelegentlich brutale Ereignisse, die uns aus der Bühnenrealität reißen (wenn zum Beispiel auf der Bühne ein Huhn geschlachtet wird). Anstatt diese Gesten als Versuche zu verstehen, den Bann der Illusion zu brechen und uns mit dem nackten Realen zu konfrontieren, sollte man sie eher als das entlarven, was sie sind: das exakte Gegenteil dessen, was sie behaupten – Fluchten vor dem Realen, verzweifelte Versuche, das Reale zu vermeiden, das sich in der (oder durch die) Illusion selbst ereignet.

Deshalb – wenn wir ein letztes Mal auf die Liebe zurückkommen dürfen – hat Liebe auch nichts mit einer Flucht in ein idealisiertes romantisches Universum zu tun, in dem alle konkreten sozialen Unterschiede auf magische Weise verschwinden. Um noch einmal auf Kierkegaard zurückzukommen: »Liebe glaubt alles – und wird doch niemals betrogen.«[6] – Im Unterschied zum Misstrauen, das nichts glaubt und dennoch gründlich getäuscht wird. Wer anderen misstraut, ist paradoxerweise in seinem sehr zynischen Zweifel das Opfer der radikalsten Selbsttäuschung, oder wie Lacan es ausgedrückt hätte, *les non-dupes errent* (die Nicht-Genarrten irren) – der Zyniker verfehlt die Tatsache der Erscheinung selbst, so flüchtig, zerbrechlich und schwer fassbar sie auch ist, während der wahrhaft Glaubende an Erscheinungen glaubt, an die magische Dimension, die durch sie »hindurchscheint«: Er sieht im anderen Güte, während der andere selbst sich dessen nicht bewusst ist. Erscheinung und Wirklichkeit sind hier nicht länger entgegengesetzt: Gerade im Vertrauen auf Erscheinungen sieht ein Liebender den andern, wie er wirklich ist, und liebt ihn oder sie für ihre Schwächen, nicht trotz ihrer. Im Hinblick darauf muss der östliche Begriff des absoluten Leerheit-Substanz-Grunds unterhalb der zerbrechlichen, täuschenden Erscheinung, die unsere Realität bedingt, dem

Verständnis entgegengesetzt werden, dass die gewöhnliche Realität hart, unbeweglich und da ist und das Absolute ganz und gar fragil und flüchtig. Was *ist* nun das Absolute? Etwas, das uns in flüchtigen Erfahrungen erscheint, zum Beispiel im freundlichen Lächeln einer schönen Frau oder sogar im warmen, mitfühlenden Lächeln einer Person, die ansonsten hässlich und grob scheinen mag. – In solchen wundersamen, aber *extrem zerbrechlichen* Momenten dringt eine andere Dimension durch unsere Realität. Als solches wird das Absolute leicht zerstört, es gleitet nur allzu leicht durch unsere Finger und muss so sorgsam wie ein Schmetterling behandelt werden. Kurz, das Absolute ist ein reines Ereignis, etwas, das schlicht stattfindet – und verschwindet, bevor es in Gänze erschienen ist.

Abzweig 4.2 – Das ereignishafte Selbst

In einer der verstörendsten Episoden der Fernsehserie *Alfred Hitchcock presents* mit dem Titel »The Glass Eye« (Das Glasauge) spielt Jessica Tandy eine alleinstehende Frau, die sich in einen gutaussehenden Bauchredner verliebt, Max Collodi. Als sie all ihren Mut zusammennimmt und ihn allein in seiner Unterkunft aufsucht, erklärt sie ihm ihre Liebe, macht einen Schritt auf ihn zu, um ihn zu umarmen, nur um dann einen hölzernen Puppenkopf in ihren Händen zu halten. Als sie voller Schrecken zurückweicht, erhebt sich die Holzpuppe und nimmt ihre Maske ab; darunter sehen wir das Gesicht eines traurigen alten Zwergs, der auf den Tisch springt und sie verzweifelt darum bittet, zu gehen: Der Bauchredner ist in Wirklichkeit die Holzpuppe, und die hässliche Holzpuppe ist in Wirklichkeit der Bauch-redner. Das ablösbare »tote« Organ, das Partialobjekt, ist in Wirklichkeit lebendig, und seine tote Puppe ist die »reale« Person: Die »reale« Person ist lediglich am Leben, ist eine Überlebensmaschine, ein »menschliches Tier«, während das tatsächlich sprechende Subjekt in dem offenkundig »toten« Supplement haust. Mit anderen Worten, wenn ein mensch-liches Wesen spricht, dann spricht nicht diese konkrete körperliche Anwesenheit, sondern eine geisterhafte Entität in ihr, ein »Geist in der Maschine«, der realer ist als die kör-perliche Realität der fraglichen Person. Diese gewaltsame Umkehrung der üblichen Beziehung zwischen der körper-lichen Substanz und ihrer Seele ist dasjenige, was Descartes mit seinem Begriff des *Cogito* durchführt: Das denkende Subjekt ist nicht die Seele, die im Körper gegenwärtig ist, sondern ein fremder Eindringling, ein Homunkulus, der durch ihn spricht. Wegen dieser gewaltsamen Umkehrung war Descartes in der Lage, ganz offen den ereignishaften (nichtsubstantiellen) Status seiner grundlegenden Prinzi-pien zu behaupten: Das cartesianische *Cogito* ist nicht die substantielle Form eines Körpers, sondern bezeichnet eher den reinen Prozess objektlosen Denkens – »Ich denke, also bin ich«.[7]

Man sollte sich immer im Klaren darüber sein, dass, wenn man über das *Cogito* spricht, über die Reduktion eines Menschen auf den abgründigen Punkt des Denkens ohne irgendein äußerliches Objekt, wir es dann nicht mit den albernen und extremen logischen Spielchen zu tun haben (»stell dir vor, dass nur du alleine existierst …«), sondern mit der Beschreibung einer ganz präzisen existentiellen Erfahrung des radikalen Selbst-Rückzugs, der Suspension der Existenz der gesamten Realität um mich herum als trügerische Illusion, die in der Psychoanalyse (als psychotischer Rückzug) so wohlbekannt ist wie in der religiösen Mystik (unter dem Namen der sogenannten »Nacht der Welt«). Nach Descartes ist diese Idee in den grundlegenden Einsichten von Friedrich Wilhelm Joseph Schelling (1775–1854) entfaltet worden, dem großen Deutschen Idealisten, demzufolge das Subjekt noch vor seiner Setzung als Medium des rationalen Wortes der »unendliche Mangel an Sein« sei – die gewaltsame Geste des Zusammenziehens, die jegliches Sein außerhalb von sich selbst leugnet. Diese Idee bildet auch das Zentrum von Hegels Begriff des Wahnsinns: Wenn Hegel Wahnsinn als einen Rückzug aus der realen Welt bestimmt, als Einschluss der Seele in sich selbst, als ihr »Zusammenziehen«, das Kappen ihrer Verbindungen mit der äußeren Realität, dann denkt er allzu rasch diesen Rückzug als eine »Regression« auf die Ebene der »Tierseele«, die immer noch durch den Rhythmus der Natur in ihre natürliche Umgebung eingebettet ist (Tag und Nacht, die Jahreszeiten usw.). Doch bezeichnet dieser Rückzug im Gegenteil nicht das Durchtrennen der Bindungen an die *Umwelt*, das Ende der Immersion des Subjekts in seine unmittelbare natürliche Umgebung, und ist er als ein solcher nicht die Gründungsgeste der »Vermenschlichung«? Wird dieser Rückzug-in-sich-selbst nicht durch Descartes in seinem universellen Zweifel und der Reduktion auf das *Cogito* vollzogen, der ebenfalls einen Durchgang durch den Moment radikalen Wahnsinns beinhaltet? In einem Fragment seiner Jenaer Realphilosophie verwendet Hegel den Begriff »Nacht der Welt«, um die Erfahrung des reinen Selbst zu beschreiben, des Rückzugs-in-das-Selbst des Subjekts, die die Verfinsterung der (festen) Realität beinhaltet:

Der Mensch ist diese Nacht, diß leere Nichts, das alles in ihrer Einfachheit enthält – ein Reichthum unendlich vieler Vorstellungen, Bilder, deren keines ihm gerade einfällt –, oder die nicht als gegenwärtige sind. Diß Nacht, das Innre der Natur, das hier existirt – *reines Selbst,* – in phantasmagorischen Vorstellungen ist es ringsum Nacht, hier schießt dann ein blutig Kopf, – dort eine andere weisse Gestalt plötzlich hervor, und verschwinden ebenso. Diese Nacht erblickt man, wenn man dem Menschen ins Auge blickt – in eine Nacht hinein, die *furchtbar* wird, – es hängt die Nacht der Welt hier einem entgegen.[8]

Die symbolische Ordnung, die Welt des Wortes, der *Logos,* kann nur aus der Erfahrung dieses Abgrundes entstehen. Die Innerlichkeit des reinen Selbst, wie Hegel es ausdrückt, muss »ins Daseyn treten, Gegenstand werden, umgekehrt diese Innerlichkeit äusserlich seyn; Rükkehr zum *Seyn.* Diß ist die *Sprache,* als die *Nahmengebende Krafft,* – (...) Durch den Nahmen ist also der Gegenstand als seyend aus dem Ich heraus gebohren.«[9]

Wir sollten vorsichtig sein und hier nicht übersehen, wie Hegels Bruch mit der vorherrschenden Tradition der Aufklärung in der Umkehrung der eigentlichen Metapher für das Subjekt erkannt werden kann: Das Subjekt ist nicht mehr länger das Licht der *Vernunft* im Gegensatz zum intransparenten, undurchdringlichen Stoff (der Natur, der Tradition usw.); sein innerster Kern, die Geste, die den Raum für das Licht des Logos öffnet, ist die absolute Negativität, die »Nacht der Welt«, der Punkt äußersten Wahnsinns, an dem traumhafte Erscheinungen von »Partialobjekten« überall um uns herum auftauchen. Konsequenterweise gibt es keine Subjektivität ohne diese Geste des Rückzugs – weshalb Hegel völlig zu Recht die Standardfrage, wie der Sturz/

die Regression in den Wahnsinn möglich ist, umdreht. Die wahre Frage lautet vielmehr, wie es dem Subjekt gelingt, aus dem Wahnsinn herauszukommen und die »Normalität« zu erlangen. Das heißt, auf den Rückzug-in-sich-selbst, das Abschneiden der Verbindungen zur Umgebung, folgt die Errichtung eines symbolischen Universums, welches das Subjekt auf die Realität als eine Art Ersatzstruktur projiziert, um uns für den Verlust des unmittelbaren, vorsymbolischen Realen zu entschädigen. Kurz, die ontologische Notwendigkeit des »Wahnsinns« beruht auf der Tatsache, dass es unmöglich ist, direkt von der reinen »Tierseele«, die in ihre natürliche Umgebung versunken ist, zur »normalen« Subjektivität überzugehen, die in ihren symbolischen virtuellen Umgebungen haust: Der »ver/schwindende Vermittler« zwischen den beiden ist die »wahnsinnige« Geste des radikalen Rückzugs aus der Realität, die den Raum für ihre symbolische (Neu)Konstitution eröffnet.

Der wahre Punkt des »Wahnsinns« ist daher nicht der reine Exzess der »Nacht der Welt«, sondern der Wahnsinn des Übergangs zum Symbolischen selbst, zum Aufzwingen einer symbolischen Ordnung auf das Chaos des Realen. (In seiner Analyse des paranoiden Richters Daniel Paul Schreber hebt Freud hervor, wie das paranoide »System« kein Wahnsinn ist, sondern ein verzweifelter Versuch, dem Wahnsinn *zu entkommen* – der Zersetzung des symbolischen Universums – durch ein Ersatzuniversum der Bedeutung.)[10] Wenn Wahnsinn konstitutiv ist, dann ist *jedes* Bedeutungssystem minimal paranoid, »wahnsinnig«. Man erinnere sich an Brechts Parole »Was ist ein Einbruch in eine Bank gegen die Gründung einer Bank?«. In gleicher Weise sollten wir sagen: Was ist der bloße Wahnsinn durch Verlust der Vernunft verglichen mit dem Wahnsinn der Vernunft selbst?

Es ist daher kein Wunder, dass wir dem cartesianischen *Cogito* im Herzen dessen wieder begegnen, was heute als vorherrschende Krankheitsform auftritt, dem sogenannten posttraumatischen Subjekt. Unsere soziopolitische Realität zwingt uns vielfältige Formen äußerer Eingriffe auf, Traumata, die genau das sind – sinnlose, brutale Unterbrechungen, die die symbolische Textur der Identität des Subjekts zerstören. Zunächst gibt es äußere physische Gewalt: Terrorangriffe wie am 11. September, die Bombardierung des Irak durch die Vereinigten Staaten unter der Bezeichnung »Shock and Awe« (Schock und Ehrfurcht), Gewalt in den Straßen, Vergewaltigungen usw., aber ebenso Naturkatastrophen wie Erdbeben, Tsunamis und so weiter. Dann gibt es die »irrationale« (sinnlose) Zerstörung der materiellen Grundlagen unserer inneren Realität: Gehirntumore, Alzheimer, organische Hirnläsionen usw., die die Persönlichkeit eines Opfers vollständig verändern oder sogar zerstören können. Und schließlich gibt es zerstörerische Wirkungen soziosymbolischer Gewalt durch sozialen Ausschluss usw. Die meisten dieser Gewaltformen sind natürlich seit Jahrhunderten bekannt, manche sogar seit der Ur- und Frühgeschichte des Menschen. Neu ist daran heutzutage, dass sie – da wir in einem »entzauberten« postreligiösen Zeitalter leben – viel direkter als sinnloses Eindringen des Realen erfahren werden und genau aus diesem Grund als zugehörig zur gleichen Reihe erscheinen und dieselben Wirkungen hervorrufen, obwohl sie in ihrer Natur vollkommen anders sind. (Es ist eine historische Tatsache, dass Vergewaltigung nur im zwanzigsten Jahrhundert als Trauma aufgefasst worden ist.)

Ein posttraumatisches Subjekt ist daher ein Opfer, das sozusagen seinen eigenen Tod überlebt. Alle unterschiedlichen Formen traumatischer Begegnungen (soziale, natürliche, biologische, symbolische) führen zu demselben Ergebnis: Ein neues Subjekt entsteht, das den Tod (das Auslöschen) seiner symbolischen Identität überlebt. Es gibt keine Kontinuität zwischen diesem neuen posttraumatischen Subjekt (z.B. dem Opfer von Alzheimer) und dessen alter Identität: Nach dem Schock entsteht buchstäblich ein neues Subjekt. Dessen Eigenschaften sind aus zahlreichen Beschreibungen wohlbekannt: ein Fehlen emotionaler Verbindlichkeit, tiefe Gleichgültigkeit und Distanz; es handelt sich um ein Subjekt, das nicht mehr länger »in-der-Welt« ist im heideggerschen Sinn einer eingebundenen verkörperten Existenz. Dieses Subjekt *lebt den Tod als Lebensform*.

Die eigentlich philosophische Dimension der Beschäftigung mit dem posttraumatischen Subjekt liegt in der Erkenntnis, dass das, was als die brutale Zerstörung von dessen ureigenster substantieller (narrativer) Identität erscheint, der Moment seiner Geburt ist. Das posttraumatische autistische Subjekt ist der »lebendige Beweis« dafür, dass das Subjekt nicht mit den »Geschichten, die es sich selbst über sich selbst« erzählt, identifiziert werden kann (oder sich nicht vollständig mit ihnen deckt), mit der narrativen symbolischen Beschaffenheit seines Lebens: Wenn wir all das wegnehmen, dann bleibt etwas übrig (oder vielmehr *nichts*, aber eine *Form* des Nichts), und dieses Etwas ist das reine Subjekt. Wir sollten daher die freudsche Vorstellung, dass ein gewaltsames Eindringen des Realen nur insofern als Trauma zählt, als ein vorhergehendes Trauma in ihm widerhallt, auf das posttraumatische Subjekt anwenden – *in diesem Fall ist das vorhergehende Trauma dasjenige der Geburt der Subjektivität selbst*: Ein Subjekt entsteht, wenn ein lebendiges Individuum seines substantiellen Gehaltes beraubt wird und dieses konstitutive Trauma in der gegenwärtigen traumatischen Erfahrung wiederholt wird. Darauf zielte Lacan mit seiner Behauptung ab, dass das freudsche Subjekt nichts anderes als das cartesianische *Cogito* sei: Das *Cogito* ist keine »Abstraktion« der Realität lebendiger, wirklicher Individuen mit all dem Reichtum ihrer Eigenschaften, Emotionen, Fähigkeiten und Beziehungen; es ist im Gegenteil dieser »Reichtum der Persönlichkeit«, der als lacanscher imaginärer »Stoff des Ichs«[11] funktioniert. Das *Cogito* ist im klaren Kontrast dazu eine sehr reale »Abstraktion«, die als konkrete subjektive Haltung funktioniert. Das posttraumatische Subjekt, das auf eine substanzlose leere Form der Subjektivität reduzierte Subjekt, ist die historische »Verwirklichung« des *Cogito* – erinnern wir uns daran, dass für Descartes das *Cogito* der Nullpunkt der Überschneidung von Denken und Sein ist, welcher das Subjekt weder »ist« (es ist allen positiven substantiellen Gehalts beraubt) noch »denkt« (sein Denken ist auf die leere Tautologie des Denkens, dass es denkt, reduziert).

Wenn daher die zeitgenössische französische Hegelianerin Catherine Malabou behauptet, das posttraumatische Subjekt könne nicht in den freudschen Begriffen der Wiederholung eines vergangenen Traumas verstanden werden (da der traumatische Schock alle Spuren der Vergangenheit auslösche), so bleibt sie zu sehr auf den traumatischen Gehalt fixiert und vergisst, in die Reihe vergangener traumatischer Erinnerungen genau die Auslöschung des substantiellen Gehalts mit einzubeziehen, das Abziehen des Gehalts von der leeren Form.[12] Mit anderen Worten, genau insofern, als er den gesamten substantiellen Gehalt auslöscht, *wiederholt* der traumatische Schock die Vergangenheit, das heißt den traumatischen Verlust der Substanz, die für ebenjene Dimension der Subjektivität konstitutiv ist. *Hier wird nicht irgendein alter Gehalt wiederholt, sondern ebenjene Geste des Auslöschens alles substantiellen Gehalts.* Wenn man daher ein menschliches Subjekt einem traumatischen Einbruch aussetzt, ist das Ergebnis die leere Form eines »lebendig-toten« Subjekts, während dasselbe bei einem Tier lediglich zur totalen Verwüstung führt: Was nach einem gewalttätigen traumatischen Eingriff übrig bleibt, der das menschliche Subjekt getroffen und all seinen substantiellen Gehalt ausgelöscht hat, ist die reine Form der Subjektivität, die Form, die bereits da gewesen sein muss.

Um es noch einmal anders auszudrücken, das Subjekt ist der äußerste Fall dessen, was Freud als Erfahrung »weiblicher Kastration« beschrieben hat, die den Fetischismus begründet: die Erfahrung, nichts zu begegnen, wo wir erwartet hätten, etwas zu sehen (den Penis). Wenn die grundlegende philosophische Frage lautet: »Warum gibt es etwas und nicht vielmehr nichts?«, dann wirft das Subjekt die Frage auf: »Warum gibt es dort nichts, wo etwas sein sollte?« Die jüngste Form dieser Überraschung begegnet uns in der Hirnforschung: Wenn man nach der »materiellen Substanz« des Bewusstseins sucht, findet man nur, dass »niemand dort zu Hause ist« – lediglich die träge Anwesenheit eines Stücks Fleisch, das »Gehirn« genannt wird. Und wo ist hier das Subjekt? Nirgends. Es ist weder die Selbstkenntnis der Bewusstheit noch natürlich die rohe Anwesenheit der Hirnmasse. Wenn man einem Autisten in die Augen schaut, dann hat man ebenfalls das Gefühl, dass »niemand zu Hause ist« – aber im Gegensatz zur rohen Anwesenheit eines toten Gegenstands wie ein Gehirn erwartet man etwas/jemanden dort, weil der offene Raum für diesen Jemand da ist. Das ist das Subjekt auf der Nullebene, wie ein leeres Haus, in dem »niemand zu Hause ist«.

Kaltblütig zu töten, ›sich zu entladen‹, wie man für gewöhnlich sagt, Terror zu organisieren, dem Terror das Aussehen eines zufälligen Ereignisses ohne Sinn zu verleihen: Ist es wirklich immer noch möglich, diese Phänomene zu erklären, indem man das Paar Sadismus-Masochismus heraufbeschwört? Sehen wir nicht, dass ihre Quellen anderswo liegen und nicht im Umschlagen von Liebe in Hass oder von Hass in Gleichgültigkeit zu hassen, nämlich in einem Jenseits-des-Lustprinzips, ausgestattet mit seiner eigenen Plastizität, die in Begriffe zu fassen an der Zeit ist.[13]

Wenn man eine Vorstellung vom *Cogito* in seiner Reinform bekommen möchte, seinem »Nullpunkt«, dann muss man einen Blick auf solche »autistischen« Subjekte werfen – ein Blick, der schmerzhaft und verstörend ist. Aus diesem Grund leisten wir dem Gespenst des *Cogito* so unerbittlich Widerstand.

Abzweig 4.3 – La vérité surgit de la méprise (Aus dem Missgriff taucht die Wahrheit auf)

Diese Verbindung ist die eigentlich hegelianische – weshalb Hegel, der Philosoph, der am radikalsten über den Abgrund des Wahnsinns im Herzen der Subjektivität nachgedacht hat, gleichzeitig derjenige Philosoph ist, der das philosophische System als Totalität der Bedeutung zu seinem »wahnsinnigen« Höhepunkt gebracht hat. Deshalb steht Hegel aus gutem Grund in den Augen des gesunden Menschenverstands für denjenigen Moment, an dem die Philosophie wahnsinnig wird und sich in die verrückte Vorspiegelung »absoluten Wissens« entlädt. Trotzdem ist Hegels Argument hier subtiler: Nicht alles ist Wahnsinn, sondern die »Normalität«, die Herrschaft der Vernunft, ist eine Selbstaufhebung des Wahnsinns in der Weise, wie die Gesetzesherrschaft die Selbstaufhebung des Verbrechens ist. In G. K. Chestertons religiösem Thriller, *Der Mann, der Donnerstag war*, ist ein mysteriöser Chef einer supergeheimen Scotland-Yard-Einheit überzeugt davon, dass eine rein intellektuelle Verschwörung bald die Existenz der Zivilisation bedroht:

> Er ist überzeugt, daß die wissenschaftlichen und künstlerischen Welten sich stillschweigend zu einem Kreuzzug gegen die Familie und den Staat verbündet haben. Er hat deshalb ein Sonderkorps von Polizisten zusammengestellt, von Polizisten, die auch Philosophen sind. Ihre Aufgabe ist es, den Beginn dieser Verschwörung zu beobachten, nicht nur im kriminellen, sondern auch im polemischen Sinn (...) Die Arbeit des philosophischen Polizisten ist kühner und subtiler zugleich als die des gewöhnlichen Detektivs. Dieser geht in die Kneipen, um Diebe festzunehmen; wir gehen in künstlerische Teegesellschaften, um Pessimisten herauszufinden. Der gewöhnliche Detektiv entdeckt in einem Hauptbuch oder Tagebuch, daß ein Verbrechen begangen worden ist. Wir entdecken aus einer Sammlung von Sonetten, daß ein Verbrechen begangen werden wird. Wir müssen den Ursprung jener gefährlichen Gedanken aufspüren, die schließlich die Menschen zu intellektuellem Fanatismus und intellektuellem Verbrechen treiben.[14]

In einer leicht veränderten Version dieser Idee würden die tatsächlichen politischen Verbrechen »Totalitarismus« genannt werden und die philosophischen Verbrechen im Begriff der »Totalität« zusammengefasst. Vom philosophischen Begriff der Totalität führt ein direkter Weg zum politischen Totalitarismus, und die Aufgabe der »philosophischen Polizei« besteht darin, ausgehend von einem Buch mit Platons Dialogen oder von einer Abhandlung über den Gesellschaftsvertrag von Rousseau zu entdecken, dass ein politisches Verbrechen begangen werden wird. Der normale politische Polizist geht zu geheimen Treffen, um Revolutionäre zu verhaften; der philosophische Polizist geht zu philosophischen Symposien, um Vertreter der Totalität aufzuspüren. Der normale antiterroristische Polizist versucht denjenigen auf die Schliche zu kommen, die vorhaben, Gebäude und Brücken in die Luft zu jagen; der philosophische Polizist versucht diejenigen aufzuspüren, die gerade dabei sind, die religiösen und moralischen Fundamente unserer Gesellschaft zu dekonstruieren.

Diese provokante Analyse zeigt die Beschränkungen von Chesterton – er ist nicht hegelianisch genug. Was er nicht versteht, ist, dass *das allgemeine (allgemein verbreitete) Verbrechen nicht mehr länger ein Verbrechen ist – es hebt sich auf (negiert und überwindet sich) als Verbrechen und verwandelt sich von einer Übertretung in eine neue Ordnung*. Er hat mit seiner Behauptung recht, dass – verglichen mit der völligen Gesetzeslosigkeit – selbst Philosophen, Einbrecher, Bigamisten und Mörder im Grunde moralisch sind: Ein Dieb ist ein »guter Mann unter Vorbehalt«, er leugnet Eigentum nicht an sich, er möchte nur mehr davon für sich selbst und ist dann durchaus bereit, es zu respektieren. Trotzdem muss man daraus die Schlussfolgerung ziehen, dass Verbrechen an sich »wesenhaft moralisch« sind, dass sie lediglich eine spezifische, illegale Neuordnung der globalen moralischen Ordnung wollen, die an sich aber bestehen bleiben soll. Und man sollte im wahrhaft hegelschen Geiste diese Aussage (der »wesenhaften Moralität« des Verbrechens) zu ihrer immanenten Aufhebung bringen: Nicht nur sind Verbrechen »wesenhaft moralisch« (auf Hegelianisch: ein inhärenter Moment der Entfaltung der inneren Antagonismen und »Widersprüche« ebendieses Begriffs der moralischen Ordnung selbst, nicht etwas, das die moralische Ordnung als zufälliger Eingriff von außen stört), sondern die Moralität selbst ist wesenhaft kriminell – noch einmal, nicht nur in dem Sinn, dass die universelle moralische Ordnung sich notwendig »selbst« in einzelnen Verbrechen »negiert«, sondern viel radikaler in dem Sinn, dass die Art und Weise, in der sich Moralität (im Fall von Diebstahl, Eigentum) selbst behauptet, bereits an sich ein Verbrechen ist – »Eigentum *ist* Diebstahl«, wie man im 19. Jahrhundert zu sagen pflegte. Das heißt, dass man von Diebstahl als einer besonderen kriminellen Verletzung der universellen Form von Eigentum zu dieser Form selbst als krimineller Verletzung übergehen muss. Chesterton entgeht, dass das »universalisierte Verbrechen«, das er auf die »gesetzlose moderne Philosophie« und ihr politisches Äquivalent projiziert, die »anarchistische« Bewegung, die auf die Zerstörung des gesamten zivilisierten Lebens abzielt, *bereits* in Gestalt des vorhandenen Gesetzes *existiert*, so dass der Antagonismus zwischen Gesetz und Verbrechen sich als dem Verbrechen immanent erweist, als der Antagonismus zwischen dem allgemeinen und dem besonderen Verbrechen.

In diesem Sinn macht Chesterton den wahren subversiven, sogar revolutionären Charakter der Orthodoxie geltend – in seiner berühmten »Verteidigung von Kriminalromanen« macht er die Bemerkung, wie der Kriminalroman »in gewissem Sinne die Tatsache zum Bewußtsein (bringt), daß die Zivilisation selbst die sensationellste Lossagung und der romantischste Aufruhr ist. (…) Die Romantik der Polizeimacht ist demnach die ganze Romantik des Menschen.

Sie ruht in der Tatsache, daß Rechtschaffenheit die dunkelste und gewagteste aller Verschwörungen ist.«[15] Darauf beruht hier die elementare Matrix des hegelschen dialektischen Prozesses: Die äußere Opposition (zwischen Gesetz und seiner kriminellen Übertretung) wird in die Opposition verwandelt, die der Übertretung selbst inhärent ist, in die Opposition zwischen partikularer Übertretung und der absoluten Übertretung, die als ihr Gegenteil erscheint, als das universelle Gesetz. Dieses Argument ist von niemand anderem als Richard Wagner ganz klar vorgebracht worden, der in seinem Entwurf eines Dramas mit dem Titel »Jesus von Nazareth«, das er irgendwann zwischen Ende 1848 und Frühjahr 1849 verfasst hat, Jesus eine Reihe alternativer Ergänzungen der zehn Gebote zuschreibt:

> Das Gebot sagt: du sollst nicht ehebrechen! ich aber sage euch: ihr sollt nicht freien ohne Liebe. Eine Ehe ohne Liebe ist gebrochen, als sie geschlossen ward, und wer freite ohne Liebe, der brach die Ehe. So ihr meine Gebot (sic) befolgt, wie könnet ihr es je brechen, da es euch das gebietet zu thun, wonach sich euer Herz und Seele sehnen? – Wo ihr aber freiet ohne Liebe, so bindet ihr euch wider Gottes Gebot, und indem ihr die Ehe schließet, sündigt ihr wider Gott, und diese Sünde rächt sich dadurch, daß ihr nun wider das Menschengesetz strebet, indem ihr die Ehe brecht.[16]

Der wahre Ehebruch besteht nicht darin, außerhalb der Ehe Geschlechtsverkehr zu haben, sondern innerhalb der Ehe ohne Liebe Geschlechtsverkehr zu haben. Der einfache Ehebruch verletzt das Gesetz nur von außen, während Ehe ohne Liebe es von innen heraus zerstört und den Buchstaben des Gesetzes gegen seinen Geist wendet. Um Brecht zu paraphrasieren: Was ist ein schlichter Ehebruch verglichen mit der Ehe (dem Ehebruch der lieblosen Ehe)? Nicht zufällig erinnert Wagners zugrundeliegende Wendung »Ehe ist Ehebruch« an Proudhons Motto »Eigentum ist Diebstahl« – in den stürmischen Ereignissen von 1848 war Wagner nicht nur ein Feuerbachianer, der die sexuelle Liebe feierte,[17] sondern auch ein revolutionärer Proudhonianer, der die Abschaffung des Privatbesitzes forderte; kein Wunder also, dass Wagner weiter unten in dem gleichen Stück Jesus eine proudhonsche Ergänzung zu »Du sollst nicht stehlen!« zuschreibt:

> So ist auch ein gutes Gesetz: du sollst nicht stehlen, noch begehren eines anderen Eigenthums. Wer dagegen thut, sündigt: ich bewahre euch aber vor der Sünde, indem ich euch lehre: Liebe deinen Nächsten wie dich selbst, d.h. auch: trachte nicht Schätze zu sammeln, dadurch du deinem Nächsten entziehest und ihn darben machst; denn so du durch der Menschen Gesetz dein Gut lässest hüten, reitzest du deinen Nächsten zu sündigen wider das Gesetz.

Diese Verschiebung ist eine von der *Verzerrung eines Begriffs* hin zur *Verzerrung, die für diesen Begriff konstitutiv ist*; die Verschiebung von Diebstahl als Verzerrung (»Negation«, Verletzung) von Eigentum zur Dimension der Einschreibung des Diebstahls in ebenjenen Begriff des Eigentums (niemand hat das Recht, die Produktionsmittel vollständig zu besitzen, ihr Wesen ist von Natur aus kollektiv, so dass jede Behauptung »das ist meins« illegitim ist). Wie wir gesehen haben, gilt das Gleiche für Verbrechen und Gesetz, für den Übergang vom Verbrechen als Verzerrung (»Negation«) des Gesetzes zum Verbrechen als Unterstützung des Gesetzes selbst, das heißt zu der Idee des Gesetzes als verallgemeinertes Verbrechen. Man sollte nicht übersehen, wie die umfassende Einheit der beiden entgegengesetzten Begriffe (Eigentum und Diebstahl, Gesetz und Verbrechen) die »niedrigste«, »transgressive« ist; nicht das Verbrechen ist ein Moment der Selbstaufhebung des Gesetzes (oder Diebstahl ein Moment der Selbstaufhebung von Eigentum), der Gegensatz von Verbrechen und Gesetz ist dem Verbrechen inhärent, das Gesetz ist eine Unterart des Verbrechens – die selbstbezügliche Negation des Verbrechens (in der gleichen Weise, in der Eigentum die selbstbezügliche Negation von Diebstahl ist).

Nur vor diesem Hintergrund können wir verstehen, was Hegel mit seinem Begriff des »absoluten Wissens« beabsichtigte. Die Formel hier lautet: Nimm das Trugbild weg, und du verlierst die Wahrheit selbst. Eine Wahrheit braucht Zeit, um eine Reise durch die Trugbilder zu machen, um sich selbst herauszubilden. Man sollte Hegel zurück in die Reihe aus Platon-Descartes-Hegel stellen, die der Triade des Objektiven-Subjektiven-Absoluten entspricht: Platons Ideen sind objektiv, die Wahrheit ist verkörpert; das cartesianische Subjekt steht für die unbedingte Sicherheit meiner subjektiven Selbstbewusstheit. Aber was fügt Hegel hinzu? Wenn das »Subjektive« relativ zu unseren subjektiven Begrenzungen ist und das »Objektive« die Art und Weise, in der die Dinge wirklich sind, was trägt dann das »Absolute« bei? Hegels Antwort lautet: Das »Absolute« fügt keine tiefere, substantiellere Dimension hinzu – es bezieht (subjektive) Illusion in (objektive) Wahrheit selbst ein. Der »absolute« Standpunkt lässt uns sehen, wie die Realität Fiktion (oder Phantasiebilder) einschließt, wie die richtige Wahl nur nach der falschen entsteht. Hegel ermahnt uns daher eindringlich, die gesamte Geschichte der Philosophie umzudrehen, die eine Reihe von Anstrengungen darstellt, *doxa* (die weitverbreitete Meinung) von wahrem Wissen zu unterscheiden. Für Hegel ist die *doxa* ein konstitutiver Teil des Wissens, und das ist es, was die Wahrheit zeitlich und ereignishaft macht. Dieser ereignishafte Charakter der Wahrheit beinhaltet ein logisches Paradox, das Jean-Pierre Dupuy, ein zeitgenössischer französischer Theoretiker von Katastrophen und Rationalität, in seinem bewunderswerten Text über Hitchcocks *Vertigo* entfaltet hat:

> Ein Objekt besitzt eine Eigenschaft x bis zum Zeitpunkt t; nach t ist es nicht nur so, dass das Objekt nicht mehr länger die Eigenschaft x hat, sondern es verhält sich so, dass es nicht wahr ist, dass es x zu jeder Zeit besessen hätte. Der Wahrheitswert der Aussage ›Das Objekt O hat die Eigenschaft x zum Zeitpunkt t‹ hängt daher von dem Augenblick ab, in dem diese Aussage ausgesprochen wird.[18]

Man sollte hier die genaue Formulierung beachten: Es ist nicht so, dass der Wahrheitswert der Aussage »Das Objekt O hat die Eigenschaft x« von der Zeit abhängt, auf die sich die Aussage bezieht: Selbst wenn diese Zeit spezifiziert wird, *hängt der Wahrheitswert von der Zeit ab, zu der die Aussage selbst ausgesprochen wird.* Oder um den Titel von Dupuys Vortrag zu zitieren: »Wenn ich sterbe, wird nichts von unserer Liebe jemals existiert haben.« Man denke an Ehe und Scheidung: Das intelligenteste Argument für das Recht auf Scheidung (das unter anderen von niemand anderem als dem jungen Marx vorgebracht worden ist) bezieht sich nicht auf die gewöhnlichen Vulgaritäten der Art »wie alle Dinge sind auch Liebesverbindungen nicht ewig, sondern ändern sich im Lauf der Zeit« usw.; es räumt stattdessen ein, dass Unauflöslichkeit genau jenen Begriff der Ehe ausmacht. Die Schlussfolgerung lautet, dass Scheidung immer einen rückwirkenden Geltungsbereich hat: Sie bedeutet nicht nur, dass die Ehe jetzt annulliert ist, sondern etwas viel Radikaleres – eine Ehe sollte annulliert werden, *weil sie niemals eine echte Ehe war*. (Das Gleiche gilt für den sowjetischen Kommunismus: Es reicht ganz klar nicht aus zu behaupten, dass er in den Jahren von Breschnew »stagnierte«, »seine Potentiale erschöpft hätte und nicht mehr zur neuen Zeit passen würde«; sein elendes Ende zeigt, dass er *von Anfang an* eine historische Sackgasse war.)

Dieses Paradox bietet einen Schlüssel für die Drehungen und Wendungen des hegelschen dialektischen Prozesses. Nehmen wir Hegels Kritik am jakobinischen Revolutionsterror als eine Übung in abstrakter Negativität der absoluten Freiheit, die sich selbst nicht in einer konkreten Sozialordnung der Freiheit stabilisieren kann und daher in der Raserei der Selbstzerstörung enden muss. Dennoch sollte man im Kopf behalten, dass, insofern wir es hier mit einer historischen Wahl zu tun haben (zwischen dem »französischen« Weg, innerhalb der katholischen Sozialordnung zu bleiben und dadurch verpflichtet zu sein, sich im selbstzerstörerischen Revolutionsterror zu engagieren, und dem »deutschen« Weg einer Reformation), diese Wahl genau das gleiche elementare dialektische Paradox beinhaltet wie dasjenige – ebenfalls aus der *Phänomenologie des Geistes* (1807) – von den beiden Lesarten von ›der Geist ist ein Knochen‹, die Hegel mit Hilfe der phallischen Metapher illustriert (der Phallus als Organ der Zeugung oder der Phallus als Organ des Pissens): Hegels Pointe lautet *nicht*, dass die angemessene spekulative Haltung im Gegensatz zum vulgären empirischen Geist, der nur Urinieren sieht, Zeugung wählen sollte. Das Paradox besteht darin, dass die direkte Wahl von Zeugung der unfehlbare Weg ist, sie zu verfehlen: Es ist nicht möglich, die »wahre Bedeutung« direkt auszuwählen, das heißt man *muss* damit beginnen, die »falsche Wahl« zu treffen (die des Pissens); die wahre spekulative Bedeutung tritt nur durch das wiederholte Lesen zutage, als Nachwirkung (oder Nebenprodukt) des ersten, »falschen« Lesens. Und das Gleiche gilt für das Sozialleben, bei dem die direkte Wahl der »konkreten Allgemeinheit« einer spezifischen ethischen Lebenswelt nur in einer Regression auf eine vormoderne organische Gesellschaft enden kann, die das unbeschränkte Recht auf Subjektivität als fundamentale Eigenschaft der Modernität leugnet. Da das Bürger-Subjekt eines modernen Staats sein Aufgehen in irgendeiner bestimmten sozialen Rolle nicht mehr länger akzeptieren kann, die ihm einen festen Platz im organischen sozialen Ganzen zuweist, führt der einzige Weg zur rationalen Totalität des modernen Staats durch den Revolutionsterror: Man sollte ohne Rücksicht die Grenzen der vormodernen organischen »konkreten Allgemeinheit« niederreißen und das unbeschränkte Recht auf Subjektivität in ihrer abstrakten Negativität vollständig durchsetzen. Die Pointe von Hegels Analyse des Revolutionsterrors ist mit anderen Worten nicht die ziemlich offensichtliche Einsicht, wie das revolutionäre Projekt die einseitige Durchsetzung der abstrakten universellen Vernunft beinhaltet hat und als solches zum Untergang in selbstzerstörerischer Raserei verdammt war, weil es nicht fähig war, die Verlagerung seiner revolutionären Energie auf eine konkrete stabile und differenzierte Sozialordnung zu organisieren. Hegels Pointe ist viel eher das Rätsel, warum wir trotz der Tatsache, dass der Revolutionsterror eine historische Sackgasse war, durch ihn hindurch müssen, um zum modernen rationalen Staat zu kommen.

Nehmen wir das Paradox des Entschuldigens: Wenn ich

jemanden mit einer groben Bemerkung verletze, dann ist mein angemessenes Verhalten, ihm eine aufrichtige Entschuldigung anzubieten, und sein angemessenes Verhalten besteht darin, etwas in der Art zu antworten wie »Vielen Dank, ich schätze deine Entschuldigung, aber ich war gar nicht beleidigt. Ich wusste, dass du das nicht so meinst, daher schuldest du mir auch keine Entschuldigung!« Der Punkt ist natürlich der, dass, obwohl das Endergebnis lautet, dass keine Entschuldigung notwendig sei, man durch den ganzen Vorgang, sie anzubieten, hindurch muss. »Du schuldest mir keine Entschuldigung« kann nur gesagt werden, nachdem ich eine Entschuldigung *angeboten* habe, so dass, obwohl formal »nichts passiert« ist – das Angebot einer Entschuldigung wurde als unnötig verkündet –, am Ende des Vorgangs ein Gewinn steht (vielleicht ist sogar die Freundschaft gerettet). Der dialektische Prozess ist daher viel raffinierter, als es scheinen mag. Sein gängiges Verständnis besagt, dass man bei ihm nur auf dem Weg von Irrtümern zur letztgültigen Wahrheit gelangt, so dass diese Irrtümer nicht lediglich beseitigt, sondern in der letztgültigen Wahrheit »aufgehoben«, in ihr als ihre Momente bewahrt sind. Diesem Standardverständnis entgeht, wie diese Irrtümer *gerade als überflüssig* »aufgehoben« werden (beseitigt-bewahrt-höher gehoben).

Wie ist dieser Zirkel des Veränderns der Vergangenheit möglich, ohne auf Zeitreisen zurückzugreifen? Die Lösung dazu stammt von dem französischen Philosophen Henri Bergson (1859–1941): Natürlich kann man die vergangene Realität/Gegebenheit nicht verändern, aber was man verändern kann, ist die virtuelle Dimension der Vergangenheit – wenn etwas radikal Neues entsteht, dann erschafft dieses Neue sich rückwirkend seine eigene Möglichkeit, seine eigenen Ursachen/Bedingungen.[19] Ein Potential kann in eine vergangene Realität eingefügt (oder aus ihr gelöscht) werden. Wenn man sich verliebt, dann verändert man die Vergangenheit: Es ist, als hätte ich dich schon immer geliebt, als ob unsere Liebe, lange bevor wir uns getroffen haben, *immer schon* vorherbestimmt gewesen wäre. Meine gegenwärtige Liebe verursacht die Vergangenheit, die sie hervorgebracht hat. In Hitchcocks *Vertigo* geschieht genau das Gegenteil: Die Vergangenheit wird verändert, so dass sie das *Objekt a* verliert – Lacans Begriff für das unerreichbare Objekt des Begehrens. Was Scottie zunächst in *Vertigo* erlebt, ist der *Verlust* von Madeleine, seine verhängnisvolle Liebe. Als er Madeleine in Judy wiedererschafft und dann herausfindet, dass die Madeleine, die er vorher kannte, Judy war, die vorgab, Madeleine zu sein, entdeckt er nicht nur, dass Judy ein Schwindel ist (er weiß, dass sie nicht die wahre Madeleine ist, da er aus ihr eine Kopie von Madeleine gemacht hat), sondern dass, weil sie *kein* Schwindel ist – sie Madeleine *ist* –, Madeleine *selbst* bereits ein Schwindel war: Das *Objekt a* löst sich auf, ebenjener Verlust ist verloren, und wir erhalten eine »Negation der Negation«. Scotties Entdeckung *verändert die Vergangenheit* und raubt dem verlorenen Objekt das *Objekt a*. Dasselbe zeitliche Paradox charakterisiert alle wirklichen Ereignisse einschließlich der politischen – die deutsche Revolutionärin Rosa Luxemburg war sich dessen wohlbewusst, als sie in ihrer Polemik gegen Eduard Bernstein zwei Argumente gegen die revisionistische Angst vorbrachte, dass das Proletariat verfrüht die Macht übernehmen würde, bevor die Umstände reif wären:

> Die sozialistische Umwälzung setzt einen langen und hartnäckigen Kampf voraus, wobei das Proletariat allem Anscheine nach mehr als einmal zurückgeworfen wird, so daß es das ers-

temal, vom Standpunkte des Endresultates des ganzen Kampfes gesprochen, notwendig »zu früh« ans Ruder gekommen sein wird. Zweitens aber läßt sich das »verfrühte« Ergreifen der Staatsgewalt nicht vermeiden, indem das Proletariat erst im Laufe jener Krisen, die seine Machtergreifung begleiten wird, erst im Feuer langer und hartnäckiger Kämpfe den erforderlichen Grad der politischen Reife erreichen kann, der es zur endgültigen großen Umwälzung befähigen wird. So stellen sich denn jene »verfrühten« Angriffe des Proletariats auf die politische Staatsgewalt selbst als wichtige geschichtliche Momente heraus, die auch den Zeitpunkt des endgültigen Sieges mitherbeiführen und mitbestimmen. (…) Da aber das Proletariat somit gar nicht imstande ist, die Staatsgewalt anders als »zu früh« zu erobern, oder, mit anderen Worten, da es sie unbedingt einmal oder mehrmals »zu früh« erobern muß, um sie schließlich dauernd zu erobern, so ist die Opposition gegen die »verfrühte« Machtergreifung nichts als die Opposition gegen die Bestrebung des Proletariats überhaupt, sich der Staatsgewalt zu bemächtigen.[20]

Es gibt keine Metasprache, keine Außenseiterposition, von der aus der Handelnde berechnen kann, wie viele »verfrühte« Versuche nötig sind, um zum richtigen Moment zu gelangen. Warum? Weil dies ein Fall einer Wahrheit ist, die aus Missgriff auftaucht (*la vérité surgit de la méprise*, wie Lacan es formuliert hat), bei der die »verfrühten« Versuche ebenjenen Raum/jenen Maßstab der Zeitlichkeit transformieren: Das Subjekt macht einen Sprung nach vorn und geht das Risiko ein, einen Schritt zu tun, noch bevor dessen Bedingungen vollständig erreicht sind.[21] Das Eingebundensein des Subjekts in die symbolische Ordnung spult den linearen Lauf der Zeit in beiden Richtungen auf: Es beinhaltet Beschleunigung ebenso wie Rückwirkung (die Dinge werden rückwirkend zu dem, was sie sind; die Identität eines Dings entsteht nur, wenn das Ding im Hinblick auf sich selbst in Verzug ist) – kurz, jede Handlung ist per definitionem zu früh und gleichzeitig zu spät. Man muss warten können und nicht die Nerven verlieren. Wenn man zu schnell handelt, dann wird die Handlung zu einer *passage à l'acte*, einer heftigen Flucht nach vorne, um die Blockierung zu vermeiden. Wenn man den Moment verpasst und zu spät handelt, verliert die Handlung die Qualität eines Ereignisses, einer radikalen Intervention, in deren Folge »nichts mehr bleibt, wie es vorher war«, und wird lediglich eine lokale Veränderung innerhalb der Ordnung des Seins und Teil des normalen Verlaufs der Dinge. Das Problem ist natürlich, dass eine Handlung gleichzeitig immer zu schnell ist (die Bedingungen sind nie vollständig reif, man unterliegt der Dringlichkeit der Intervention, es gibt nie ausreichend Wartezeit, ausreichend Zeit für strategische Berechnungen, die Handlung muss ihre Sicherheit vorwegnehmen und das Risiko eingehen, dass sie rückwirkend ihre eigenen Bedingungen schafft) und immer zu spät ist (ebenjene Dringlichkeit der Handlung zeigt an, dass wir zu spät kommen, dass wir immer schon gehandelt haben sollten; jede Handlung ist eine Reaktion auf Umstände, die entstanden sind, weil wir zu spät gehandelt haben). Kurz, *es gibt keinen richtigen Zeitpunkt zum Handeln* – wenn wir auf den rechten Moment warten, wird die Handlung auf eine Begebenheit in der Ordnung des Seins reduziert.

Wegen dieser zeitlichen Komplikation wird bei Hegel alles ereignishaft: Ein Ding ist das Ergebnis des Prozesses (Ereignis) seines eigenen Werdens und diese Prozessualität entsubstantialisiert es. Der Geist ist daher radikal entsubstantialisiert: Er ist keine positive Gegenkraft zur Natur, eine andere Substanz, die allmählich durch den trägen natürlichen Stoff durchbricht und -scheint; er ist *nichts als* dieser Prozess des Sich-Befreiens-Von. Hegel leugnet direkt den Begriff des Geistes als einer Art positiv Handelnder, der dem Prozess unterliegt:

> Nach der gewöhnlichen Weise pflegt man zu sprechen, der Geist ist Subjekt, thut dies, und außer seiner That, dieser Bewegung, Prozeß, ist er noch besonders, seine Thätigkeit so mehr oder weniger zufällig; die Natur des Geistes ist diese absolute Lebendigkeit, dieser Prozeß selbst zu sein, von der Natürlichkeit Unmittelbarkeit zugehen, seine Natürlichkeit aufzuheben zu verlaßen, und zu sich selbst zu kommen, und *sich zu befreien*, das ist er, nur als zu sich gekommen, als ein solches Produkt seiner selbst ist er; *seine Wirklichkeit ist nur, daß er sich zu dem gemacht hat, was er ist.*[22]

Die materialistische Umkehrung von Hegel bei Ludwig Feuerbach und dem jungen Marx weist diese selbstbezügliche Zirkularität zurück und tut sie als einen Fall von idealistischer Mystifikation ab. Für Feuerbach und Marx ist der Mensch ein *Gattungswesen*, das sein Leben behauptet, indem es seine »wesentlichen Kräfte« verwirklicht. Das hegelsche Ereignis wird damit rückgängig gemacht, und wir sind wieder bei einer aristotelischen Ontologie substantieller Entitäten, die mit wesentlichen Eigenschaften ausgestattet sind.

Fünfter Halt – Die drei Ereignisse der Psychoanalyse

In seinem *Passagen-Werk* zitiert Walter Benjamin den französischen Historiker André Monglond: »Will man die Geschichte als einen Text betrachten, dann gilt von ihr, was ein neuerer Autor von literarischen sagt: die Vergangenheit habe in ihnen Bilder niedergelegt, die man mit denen vergleichen könne, die auf einer lichtempfindlichen Platte festgehalten werden. Die Zukunft allein hat Entwickler zur Verfügung, die stark genug sind, um das Bild mit allen Details zum Vorschein kommen zu lassen.«[1] Weit davon entfernt, einfach eine neutrale Beobachtung über die komplexe gegenseitige Abhängigkeit literarischer Texte zu sein, ist dieser Begriff von vergangenen Texten, die auf die Zukunft gerichtet sind, auf Benjamins grundlegendem Begriff der revolutionären Handlung als rückwirkender Erlösung von vergangenen gescheiterten Handlungen gegründet:

> Die Vergangenheit führt einen heimlichen Index mit, durch den sie auf die Erlösung verwiesen wird. (…) Ist dem so, dann besteht eine geheime Verabredung zwischen den gewesenen Geschlechtern und dem unserem. Dann sind wir auf der Erde erwartet worden. Dann ist uns wie jedem Geschlecht, das vor uns war, eine schwache messianische Kraft mitgegeben, an welche die Vergangenheit Anspruch hat.[2]

Der erste Name, an den man hier denkt, ist Shakespeare, dessen Fähigkeit, Erkenntnisse vorwegzunehmen, die eigentlich in spätere Epochen gehören, oft an das Unheimliche grenzt. Lange vor Satans berühmtem »Das Böse sei mein Gutes!« aus Miltons *Paradise Lost*, wurde die Formel des teuflischen Bösen von Shakespeare vorweggenommen, in dessen *Titus Andronicus* die letzten Worte des reuelosen Aaron lauten: »Und tat ich je ein einzig gutes Werk, / von ganzem Herzen wünsch ich's ungeschehn.«[3] Und Richard Wagners Kurzschluss zwischen Sehen und Hören im letzten Akt des *Tristan*, der oft als der entscheidende Moment der eigentlichen Moderne wahrgenommen wird (der sterbende Tristan *sieht* Isoldes Stimme), wurde ganz klar schon in *Ein Sommernachtstraum* formuliert. Im 5. Akt, 1. Szene sagt Bottom/Pyramus: »Ein Stimm' ich sehen tu'; ich will zur Spalt / und schauen, / Ob ich nicht hören kann meiner Thisbe Antlitz klar.« (Derselbe Gedanke findet sich später in *König Lear*: »Sieh mit deinen Ohren.«) Und wie steht es mit der außerordentlich modernen Definition von Poesie, die ebenfalls aus *Ein Sommernachtstraum* (Akt V, I) stammt, wo Theseus sagt:

Wahnwitzige, Poeten und Verliebte
Bestehn aus Einbildung. Der eine sieht
Mehr Teufel, als die weite Hölle faßt:
Der Tolle nämlich; der Verliebte sieht
Nicht minder irr, die Schönheit Helenas
Auf einer äthiopisch braunen Stirn.
Des Dichters Aug, in schönem Wahnsinn rollend,
Blitzt auf zum Himmel, blitzt zur Erd' hinab,
Und wie die schwangre Phantasie Gebilde
Von unbekannten Dingen ausgebiert,
Gestaltet sie des Dichters Kiel, benennt
Das luft'ge Nichts und gibt ihm festen Wohnsitz.

So gaukelt die gewalt'ge Einbildung;
Empfindet sie nur irgendeine Freude,
Sie ahndet einen Bringer dieser Freude;
Und in der Nacht, wenn uns ein Graun befällt,
Wie leicht, daß man den Busch für einen Bären hält![4]

In der Tat spricht Poesie, wie es der symbolistische Dichter des 19. Jahrhunderts, Mallarmé, ausdrückte von »*ce seul objet dont le Néant s'honore*« (dieses einzige Objekt, wodurch das Nichts sich ehrt). Genauer gesagt artikuliert Shakespeare hier eine Triade: Ein Wahnsinniger sieht überall Teufel (er deutet einen Busch als Bären fehl); ein Liebender sieht erhabene Schönheit in einem gewöhnlichen Gesicht; ein Dichter »benennt das luft'ge Nichts und gibt ihm festen Wohnsitz«. In allen drei Fällen gibt es einen Spalt zwischen gewöhnlicher Realität und einer transzendentalen ätherischen Dimension, aber dieser Spalt wird immer kleiner: Der Wahnsinnige nimmt fälschlich ein reales Objekt für ein anderes und sieht nicht, was es tatsächlich ist (ein Busch wird als bedrohlicher Bär wahrgenommen); ein Liebender behält die Realität des geliebten Objekts bei, die nicht aufgehoben, sondern nur »verwandelt« wird in die Erscheinung einer erhabenen Dimension (das gewöhnliche Gesicht der Geliebten wird als das wahrgenommen, was es ist, aber es wird *als solches* erhoben – ich sehe Schönheit *darin*, so wie es ist); bei einem Dichter wird die Transzendenz auf null reduziert, d.h. die empirische Realität wird »verwandelt« – nicht in einen Ausdruck/eine Materialisierung einer höheren Realität, sondern in eine Materialisierung von *Nichts*. Ein Wahnsinniger *sieht* Gott direkt, er nimmt eine Person für Gott (oder den Teufel); ein Liebender sieht Gott (göttliche Schönheit) *in* einer Person; ein

Dichter sieht eine Person nur vor dem Hintergrund des Nichts.[5]

Vielleicht kann diese shakespearesche Triade aus Wahnsinnigem, Liebendem und Dichter als Werkzeug nutzen, um eine Klassifikation von Ereignissen vorzuschlagen, die sich auf die lacansche Triade von Imaginärem, Symbolischem und Realem gründet: Ein Wahnsinniger lebt in der imaginären Dimension und verwechselt Realität und Imagination; ein Liebender identifiziert die geliebte Person mit dem absoluten Ding in einem symbolischen Kurzschluss zwischen Signifikant und Signifikat, der trotzdem den Spalt, der sie für alle Zeit trennt, aufrechterhält (der Liebende weiß genau, dass seine oder ihre Verehrte eine gewöhnliche Person ist mit allen Defekten und Schwächen); ein Dichter lässt ein Phänomen vor dem Hintergrund der Leere des Realen hervortreten.

Für Lacan sind das Imaginäre, das Symbolische und das Reale die drei grundlegenden Dimensionen, in denen ein Mensch sich bewegt. Die imaginäre Dimension ist unsere direkt erlebte Erfahrung der Realität, aber auch die unserer Träume und Albträume; sie ist die Domäne des Scheins, der Art und Weise, wie die Dinge uns erscheinen. Die symbolische Dimension ist das, was Lacan den »großen Anderen« nennt, die unsichtbare Ordnung, die unsere Erfahrung der Realität strukturiert, das komplexe Netzwerk von Gesetzen und Bedeutungen, die uns sehen lassen, was wir sehen, auf die Art, in der wir es sehen (und was wir nicht sehen, auf die Art, in der wir es nicht sehen). Das Reale ist hingegen nicht einfach die externe Realität; es ist eher, wie Lacan es ausdrückt, »unmöglich«: etwas, das weder direkt erfahren noch symbolisiert werden kann – wie ein traumatisches Zusammentreffen zwischen extremer Gewalt, die unser gesamtes Bedeutungsuniversum destabilisiert. Insofern kann das Reale nur in seinen Spuren, Auswirkungen oder Nachbeben erkannt werden.

Diese Triade ist keineswegs ausschließlich lacanianisch; eine andere Version wurde von Karl Popper vorgeschlagen (1902–1994) in seiner Theorie der Dritten Welt (was Poppers Bezeichnung für die symbolische Dimension oder Ordnung ist).[6] Popper bemerkte, dass die gewöhnliche Klassifikation aller Phänomene in eine äußere materielle Realität (von den Atomen zu den Waffen) und unsere innere psychische Realität (von Gefühlen, Wünschen, Erfahrungen) nicht ausreichend ist: Ideen, über die wir sprechen, sind nicht einfach in unserem Geist vorbeiziehende Gedanken, da diese Gedanken sich auf etwas beziehen, das gleich bleibt, während unsere Gedanken sich auf etwas anderes richten (wenn ich 2 + 2 = 4 denke, und mein Kollege daran denkt, denken wir an dasselbe, obwohl unsere Gedanken materiell verschieden sind; wenn in einem Gespräch eine Gruppe Menschen über ein Dreieck spricht, sprechen sie in gewisser Weise über dasselbe Ding). Popper ist selbstverständlich kein Idealist: Ideen existieren nicht unabhängig von unserem Geist; sie sind das Ergebnis unserer geistigen Operationen, aber sie sind dennoch nicht einfach reduzierbar darauf: Sie verfügen über ein Minimum an idealer Objektivität. Um dieses Reich der idealen Objekte einzufangen, hat Popper den Begriff »Dritte Welt« geprägt, und diese Dritte Welt passt in etwa zu Lacans »großem Anderen«. Allerdings sollte uns das Wort »Ordnung« hier nicht fehlleiten: Lacans symbolische Ordnung ist kein festes Netzwerk von idealen Kategorien oder Normen. Der standardmäßige dekonstruktivistische oder feministische Vorwurf an Lacans Theorie zielt auf ihren angeblichen normativen Inhalt:

Lacans Begriff des Namens-des-Vaters als Agent des symbolischen Gesetzes, das sexuelle Differenz regelt, führt angeblich eine Norm ein, die, selbst wenn sie niemals vollständig aktualisiert wird, nichtsdestoweniger einen Standard von Sexualität auferlegt, etwas, das diejenigen ausschließt, die eine marginale Position besetzen (Homosexuelle, Transsexuelle etc.). Außerdem ist diese Norm historisch bedingt und kein universelles Merkmal des Menschseins, wie Lacan angeblich einfordert. Dieser Vorwurf an Lacan beruht allerdings auf einem Missverständnis des Wortes »Ordnung« in der Formulierung »symbolische Ordnung«:

> Ordnung, im gültigen Sinne des Begriffs, bezeichnet nichts weiter als einen spezifischen Bereich: Sie weist nicht auf eine Ordnung hin, die respektiert oder der gehorcht werden muss und noch weniger auf ein Ideal, in das man sich fügen muss, oder auf eine Harmonie. Das Symbolische im Sinne Lacans besagt nichts weiter als die grundlegende Unordnung, die an der Schnittstelle von Sprache und Sexualität auftritt.[7]

Die lacansche symbolische Ordnung ist deshalb in sich inkonsistent, feindlich, mangelhaft, »gebarrt«, eine Ordnung der Fiktionen, deren Autorität diejenige einer Täuschung ist. Aufgrund dieser Inkonsistenz sind für Lacan die drei Dimensionen des Imaginären, Realen und Symbolischen miteinander verflochten wie die berühmte Zeichnung Eschers, »Wasserfall«, die einen ewig hinabstürzenden Kreislauf aus Wasser zeigt. Unsere Frage hier ist: Welche Art von Ereignis passt zu jeder dieser Dimensionen? Was ist ein imaginäres Ereignis, was ein reales, was ein symbolisches? Diese Frage ist derart umfassend, dass wir sie nicht in einem einzigen Halt beantworten können – wir müssen die Linien wechseln und von diesem Halt aus dreimal umsteigen.

Abzweig 5.1 – Das Reale: Das Ding konfrontieren

Der japanische Ausdruck *bakku-shan* bedeutet »ein Mädchen, das von hinten betrachtet aussieht, als wäre es hübsch, es aber von vorne betrachtet nicht ist«. Eine der Lektionen der Religionsgeschichte – und mehr noch von der heutigen Erfahrung von Religion – ist, dass dasselbe für Gott selbst gilt: Er mag groß erscheinen, wenn man ihn von hinten und aus einer angemessenen Entfernung betrachtet, aber wenn man ihm zu nahe kommt und man ihm von Angesicht zu Angesicht gegenübersteht, dann wird aus der spirituellen Verzückung reiner Horror. Dieser zerstörerische Aspekt des Göttlichen, die brutale Explosion von Wut mit ekstatischer Glückseligkeit vermischt, ist das, worauf Lacan abzielt mit seiner Bemerkung, dass Götter zum Realen gehören. Eine solch traumatische Begegnung mit einem göttlichen Ding ist das Ereignis als reales.

Das Problem des Judaismus ist genau dieses: Wie sollen wir den göttlichen Wahnsinn, der realen Götter, auf Abstand halten? Der jüdische Gott ist auch der Gott des brutalen Wahnsinns – was sich verändert, ist die Einstellung des Gläubigen gegenüber der Dimension des Göttlichen: Wenn wir zu nahe kommen, dann wird »die Herrlichkeit des Herrn (…) anzusehen (sein), wie ein verzehrendes Feuer« (Exodus 24,17). Aus diesem Grund sagen die Juden zu Moses: »Rede du mit uns, wir wollen hören; aber laß Gott nicht mit uns reden, wir könnten sonst sterben.« (Exodus 20,19) Was also, wenn Emmanuel Levinas mit seiner Annahme recht hatte, dass der eigentliche Adressat des biblischen Gebots »Du sollst nicht töten« Gott (Jahwe) selbst sei, und wir sterbliche Menschen seine Nächsten, die seinem göttlichen Zorn ausgeliefert sind? Wie oft treffen wir im Alten Testament auf

Gott als dunklen Fremden, der sich brutal in das Leben der Menschen einmischt und Zerstörung sät?

> Und als Mose auf dem Weg in die Herberge war, kam ihm der Herr entgegen und wollte ihn töten. Da nahm Zippora einen scharfen Stein und beschnitt ihrem Sohn die Vorhaut und berührte damit seine Scham und sprach: Du bist mir ein Blutbräutigam. Da aber ließ er von ihm ab. Sie sagte aber Blutbräutigam um der Beschneidung willen. (Exodus 4,24–26)

Wenn Levinas schreibt, dass die erste Reaktion beim Anblick eines Nächsten die ist, ihn umzubringen, beinhaltet das dann nicht eigentlich, dass sich dies in erster Linie auf Gottes Verhältnis zu den Menschen bezieht, so dass das Gebot »Du sollst nicht töten« ein Appell an Gott ist, seinen Zorn zu kontrollieren? Insofern die jüdische Lösung in einem toten Gott besteht, einem Gott, der nur als »toter Buchstabe« des heiligen Buches, des Gesetzes, das gedeutet werden muss, überlebt, ist das, was beim Tod Gottes stirbt, genau der Gott des Realen, der Gott der Wut und der Rache. Der Titel eines bekannten Buches über den Holocaust – *For many People God died in Auschwitz* – muss also umgedreht werden: Gott wurde in Auschwitz lebendig. Es ist, als würde Gott in Auschwitz zurückkehren – mit katastrophalen Folgen. Der wahre Horror geschieht nicht, wenn wir von Gott verlassen werden, sondern wenn Gott uns zu nahe kommt. Ein beispielhafter Fall eines solchen Zusammentreffens mit dem göttlichen Realen ist Euripides' letztes Stück *Die Bakchen*, das von der Geschichte des Pentheus handelt, des jungen Königs von Theben, der, entsetzt von den obszönen heiligen Orgien des Gottes Bacchus, den Menschen verbietet, diesen Gott zu verehren. Der zornige Bacchus führt Pentheus zu einem nahe gelegenen heiligen Berg, wo Agave, Pentheus' eigene

Mutter, und die übrigen Frauen von Theben ihn in zerstörerischem Wahn in Stücke reißen.

Dieses Paradox ist jüngst von Jürgen Habermas formuliert worden: »Säkulare Sprachen, die das, was einmal gemeint war, bloß eliminieren, hinterlassen Irritationen. Als sich Sünde in Schuld, das Vergehen gegen göttliche Gebote in den Verstoß gegen menschliche Gesetze verwandelte, ging etwas verloren.«[8] Aus diesem Grund werden säkular-humanistische Reaktionen auf Phänomene wie den Holocaust immer als unzureichend empfunden: Um auf der Höhe solcher Phänomene zu sein, ist etwas Stärkeres nötig, etwas, das dem alten religiösen Thema einer kosmischen Perversion oder Katastrophe ähnlich ist, in der die Welt selbst »aus den Fugen« ist. Wenn man einem Phänomen wie dem Holocaust gegenübersteht, ist die einzig angemessene Reaktion die fassungslose Frage: »Warum hat sich der Himmel nicht verdüstert?« (so lautet der Titel von Arno Mayers berühmtem Buch zu diesem Thema [*Why Did the Heavens Not Darken?*]). Darin liegt das Paradox der theologischen Bedeutung des Holocaust: Obwohl er für gewöhnlich als die höchste Herausforderung für die Theologie betrachtet wird (wenn es einen Gott gibt und er gut ist, wie konnte er einen solchen Horror zulassen?), stellt uns zugleich *allein die Theologie einen Rahmen zur Verfügung, der es uns ermöglicht, das Ausmaß der Katastrophe zu erfassen* – das Fiasko Gottes ist immer noch ein Fiasko *Gottes*.

Der Judaismus liefert eine einzigartige Lösung für diese bedrohliche übergroße Nähe zu Gott: Während die Götter in heidnischen Religionen lebendig waren, hielten jüdische Gläubige bereits den Tod Gottes für möglich; Hinweise auf dieses Bewusstsein finden sich zuhauf in den heiligen jüdischen Texten. Denken wir an die Geschichte aus dem

Talmud über die beiden Rabbis, die Gott im Grunde sagen, er möge den Mund halten. Sie streiten sich über eine theologische Frage, unfähig sie zu lösen, bis einer von ihnen den Vorschlag macht: »Lass den Himmel selbst bezeugen, dass das Gesetz meinem Urteil entspricht.« Eine Stimme aus dem Himmel stimmt dem Rabbi zu, der ihn zuerst angerufen hatte; der andere Rabbi steht aber auf und behauptet, dass selbst eine Stimme aus dem Himmel keine endgültige Lösung bietet: »Denn du, o Gott, schriebst vor langer Zeit das Gesetz nieder, das du uns am Sinai gabst, ›Du sollst nicht folgen der Menge‹.« Gott selbst muss schließlich zustimmen: Nachdem er ausgerufen hat »Meine Kinder haben mich besiegt! Meine Kinder haben mich besiegt!«, läuft er davon. Es gibt eine ähnliche Geschichte im Babylonischen Talmud (Baba Metzia 59b), aber hier, in einer wunderbaren nietzscheanischen Wendung, akzeptiert Gott seine Niederlage mit fröhlichem Gelächter: Rabbi Nathan trifft den Propheten Elias und fragt ihn: »Was tat der Heilige Vater in diesem Moment?« Elias gab zur Antwort: »Dieser freute sich und sprach: ›Meine Kinder haben mich besiegt, meine Kinder haben mich besiegt.‹« Das herausragende Merkmal dieser Geschichte ist nicht das göttliche Lachen, das die sorgenvolle Klage ersetzt, sondern die Art und Weise, in der die Weisen (die natürlich für den großen Anderen, die symbolische Ordnung stehen) den Disput mit Gott gewinnen: Gott selbst, das absolute Subjekt, ist in Bezug auf den großen Anderen dezentriert, so dass er auf seine Verfügungen, sobald sie niedergeschrieben sind, keinen Zugriff mehr hat. Wir können uns folglich vorstellen, warum Gott auf seine Niederlage mit fröhlichem Gelächter reagiert: Die Weisen haben ihre Lektion gelernt, dass Gott tot ist und dass die Wahrheit im toten Buchstaben des Gesetzes liegt, das außerhalb seiner Kontrolle ist. Kurzum, nachdem der Schöpfungsakt vollbracht ist, verliert Gott sogar den Einfluss darauf, in welcher Weise die Menschen sein Gesetz interpretieren.

Allerdings setzt der lebendige Gott sein Leben im Untergrund fort und kehrt unberechenbar in verschiedenen Formen zurück, die alle Masken des monströsen Dings sind – bis zur heutigen Populärkultur. Nima Nourizadehs Film *Project X* von 2012 erzählt die Geschichte der Geburt einer urbanen Legende: Thomas wird 17, und seine Freunde Costa und JB planen eine riesige Geburtstagsparty bei Thomas zu Hause, um ihre Popularität unter ihren Schulfreunden zu steigern. Da Thomas' Eltern für das Wochenende verreisen, legt Thomas' Vater Regeln fest (maximal fünf Personen im Haus, seinen teuren Mercedes nicht zu fahren, und niemand darf sein Büro betreten).

Thomas macht sich Sorgen, dass niemand kommen wird, bis plötzlich Autos in der Nachbarschaft auftauchen, und die Party augenblicklich zu einem Erfolg wird. Nach und nach geraten die Dinge außer Kontrolle: Der Lärm und das Ausmaß der Party rufen schließlich das Fernsehen auf den Plan, das davon in den Nachrichten berichtet; Sendehubschrauber kreisen über den Häusern, die Polizei rückt mit einem SWAT-Team an, das entscheidet, die Party auslaufen zu lassen, bevor es eingreift. Aber dann setzt ein Eindringling mit einem Flammenwerfer die Bäume und geparkten Autos in der Nachbarschaft in Brand, und die Gegend wird den Flammen überlassen, bis die Feuerwehrhubschrauber sie löschen. Als am nächsten Morgen seine Eltern nach Hause kommen, wird Thomas von seinem Vater damit bestraft, dass er die Schäden von dem Geld für seine College-Gebühren bezahlen muss. Nichtsdestoweniger lobt er Thomas für die Party, denn er hat Mut bewiesen, obwohl sein Vater ihn für einen Feigling und Verlierer gehalten hatte. Die Anerkennung des Vaters zeigt, wie das väterliche Verbot funktioniert:

> In der Tat ist das Bild des idealen Vater eine neurotische Phantasie. Über der Mutter (...) steht das Bild eines Vaters, der sich dem Begehren gegenüber blind stellt. Dies kennzeichnet – eher als dass es verrät – die wahre Funktion des Vaters, die im Wesentlichen darin besteht, ein Begehren mit einem Gesetz zu verknüpfen (und nicht gegenüberzustellen).[9]

Obwohl er die Eskapaden seines Sohns verbietet, ignoriert und toleriert er sie nicht nur diskret, sondern bittet geradezu darum. In diesem Sinne hält der Vater als Akteur des Verbots/Gesetzes das Begehren/die Lust aufrecht: Es gibt keinen direkten Zugang zum Genießen, da sein Raum erst durch die blinden Flecken im kontrollierenden Blick des Vaters eröffnet wird. (Und gilt nicht exakt dasselbe für Gott selbst, unseren höchsten Vater? Das erste Gebot sagt: »You shall not have no other gods before me.« (»Du sollst neben mir keine anderen Götter haben.«) Worauf bezieht sich das zweideutige »before me«? Die meisten Übersetzer stimmen darin überein, dass es bedeutet »vor mir, vor meinem Blick, wenn ich dich sehe« – was in subtiler Weise beinhaltet, dass der eifersüchtige Gott sich dem gegenüber blind stellt, was wir heimlich tun, außerhalb seiner Sicht. Kurz, Gott ist wie ein eifersüchtiger Ehemann, der seiner Frau sagt: »O.K., du kannst andere Männer haben, aber tu es diskret, so dass ich (oder die Öffentlichkeit im Allgemeinen) es nicht bemerke und du mich nicht beschämst!« Der negative Beweis für diese konstituierende Rolle des Vaters, den Raum für mögliches Genießen zu schaffen, ist der tote Punkt, der aus der heutigen Permissivität resultiert, bei der der Herr/ Experte das Genießen nicht mehr verbietet, sondern dazu auffordert (»Sex ist gesund« etc.) und ihn genau damit in Wirklichkeit sabotiert.

In welcher Beziehung steht also die Vaterfigur zu dem Ding? Die symbolische Autorität des Vaters wirkt als Vermittlungsinstanz, die die Begegnung mit dem Ding normalisiert: Im Namen des Gesetzes, das die soziale Interaktion reguliert, signalisiert der Vater seine Toleranz für die gelegentliche Begegnung mit dem Ding. Aber noch relevanter ist der quasi-heilige Charakter der Party: Wenn sie aus dem Ruder läuft, entlädt sie sich in etwas, das man nicht anders als die kollektive Erfahrung des Heiligen nennen kann, eine Erfahrung dessen, was Georges Bataille *économie générale* genannt hat, rückhaltlose Verausgabung, so etwas wie ein für die heutige Zeit neu erfundener Tanz der Bakchen, ein Moment, in dem die niveauloseste, dümmste Teenager-Party sich in ihr Gegenteil verkehrt, eine neue Form des Heiligen. Und – um Missverständnisse zu vermeiden –, der Punkt ist nicht, wilde Partys anzupreisen, sondern die amphibische Natur des Heiligen selbst sichtbar zu machen. Der russische Regisseur Sergei Eisenstein sah die Produktion von Pathos als strukturelle, nicht allein als Frage des Inhalts an. In *Die Generallinie* (auch bekannt als *Das Alte und das Neue*) gibt es eine berühmte Szene, in der der erfolgreiche Test eines Milchseparators in einer Kolchose gezeigt wird, während die entzückten Bauern zuschauen, wie die weiße Flüssigkeit herausfließt – die Maschine wird zu einem gralsähnlichen magischen Objekt, das ihre Gefühle »verstärkt«.[10] Ist es nicht exakt dasselbe in *Project X*, wo eine gewöhnliche Teenager-Party zu einer heiligen Orgie »verstärkt« wird?

Ein noch extremerer Fall einer solchen »Verstärkung« ist

das popmusikalische Ereignis des Sommers 2012: »Gangnam Style« von Psy, einem südkoreanischen Sänger. Der Song war nicht nur weithin populär, er versetzte ein großes Publikum in eine kollektive Trance, mit Zehntausenden schreienden Menschen, deren Tanz den Ritt auf einem Pferd imitierte, alle im selben Rhythmus und mit einer Intensität, die man seit den frühen Beatles nicht mehr gesehen hatte und die Psy als neuen Messias erscheinen ließ. Die Musik ist die schlimmste Form von Psydance, vollkommen flach und mechanisch einfach, zumeist computergeneriert (der Name des Sängers ist natürlich eine abgekürzte Version von Psytrance); was sie interessant macht ist die Art und Weise, in der sie kollektive Trance mit Selbstironie kombiniert. Die Worte des Songs (und die Inszenierung des Videoclips) machen sich offensichtlich lustig über die Bedeutungslosigkeit und die Leere des Gangnam-Styles (benannt nach einem angesagten Bezirk von Seoul), manche behaupten sogar, in einer subtil subversiven Art und Weise – aber wir werden dennoch in den stupiden Marschrhythmus hineingezogen und nehmen daran in reiner Mimesis teil; Flashmobs tauchten überall auf der Welt auf, um Teile aus dem Video zu imitieren. Als Kuriosität sollte man außerdem feststellen, dass das Gangnam-Style-Video sogar das von Justin Biebers »Baby« auf YouTube übertrumpfte und es damit zum meistgesehenen Video aller Zeiten wurde. Am 21. Dezember 2012 erreichte es die magische Zahl von einer Milliarde Klicks – und man könnte, da am 21. Dezember diejenigen, die die Voraussagen des Mayakalenders ernst nehmen, das Ende der Welt erwarteten, sagen, dass die alten Mayas recht hatten: Das »Gangnam-Style«-Video *ist* tatsächlich das Zeichen für den Kollaps der Zivilisation.

»Gangnam Style« ist keine Ideologie *trotz* der ironischen

Distanz, es ist Ideologie genau *wegen* ihr: Ironie spielt dieselbe Rolle wie das Dokumentarische in Lars von Triers *Breaking the Waves*, in dem die zurückhaltend pseudo-dokumentarische Form den exzessiven Inhalt greifbar macht – in exakt homologer Weise macht die sich selbst aufs Korn nehmende Ironie das stupide Vergnügen der Rave-Musik spürbar. Viele Zuhörer finden den Song ekelerregend attraktiv, d.h. »sie lieben es, ihn zu hassen«, oder eher: Sie genießen die Tatsache, ihn abstoßend zu finden, so dass sie ihn wiederholt abspielen können, um ihre Abscheu zu verlängern. Eine solch ekstatische Kapitulation gegenüber der obszönen *jouissance* in all ihrer Stupidität verwickelt das Subjekt in das, was Lacan, Freud folgend, »Trieb« nennt; seine paradigmatischen Ausdrucksformen sind vielleicht die abstoßenden privaten Rituale (wie am eigenen Schweiß riechen, den Finger in die Nase stecken etc.), die eine intensive Befriedigung hervorbringen, ohne dass wir uns dessen bewusst werden – oder, insofern wir es doch bemerken, ohne dass wir etwas dagegen tun könnten. In Hans Christian Andersens Märchen *Die roten Schuhe* zieht ein armes junges Mädchen ein paar magische Schuhe an und stirbt fast, als ihre Schuhe nicht aufhören zu tanzen. Sie wird erst gerettet, als ihr der Scharfrichter mit seiner Axt die Füße mit den Schuhen abtrennt. Ihre immer noch beschuhten Füße tanzen weiter, während sie hölzerne Füße erhält und Frieden in der Religion findet. Die Schuhe stehen für den Trieb in Reinform: ein »untotes« Partialobjekt, das als eine Art unpersönlicher Wille funktioniert – »es will«, es beharrt auf seiner wiederholenden Bewegung (des Tanzens), es folgt seinem Weg und fordert seine Befriedigung um jeden Preis, ungeachtet des Wohlbefindens des Subjekts. Dieser Trieb ist das, was »im Subjekt mehr ist als es selbst«: Obwohl das

Subjekt ihn niemals subjektivieren oder als eigenes annehmen kann, indem es sagt »Ich bin es, der dies will«, operiert er dennoch mitten im Kern des Subjekts.

Lacans These besagt, dass es möglich ist, diesen gefährlichen Wahn zu sublimieren; das ist es, was letztlich Kunst und Religion unternehmen. Musik verwandelt sich in ein Zeichen der Liebe, wenn sie das Subjekt nicht länger als obszöne *jouissance* verfolgt und es dazu auffordert, sich blind ihrem abstoßenden Rhythmus zu ergeben, und Liebe durch ihren Klang hindurchscheint: Liebe als Akzeptanz des Anderen in seiner radikalen Andersheit, eine Liebe, die, wie Lacan auf der letzten Seite seines *Seminars XI* schreibt, jenseits des Gesetzes liegt. Aber man muss hier sehr genau sein: Jenseits des Gesetzes liegende Liebe meint nicht wilde Liebe außerhalb aller symbolischen institutionellen Koordinaten (wie Carmens »Die Liebe ist ein rebellischer Vogel«); es bedeutet fast genau das Gegenteil. Das Unterscheidungsmerkmal dieser Liebe ist Gleichgültigkeit, nicht ihrem Objekt gegenüber, sondern den positiven Eigenschaften des geliebten Objekts gegenüber: zu sagen »Ich liebe dich, weil du eine hübsche Nase/attraktive Beine hast« etc. ist *a priori* falsch. Mit der Liebe ist es wie mit religiösem Glauben: Ich liebe dich nicht, weil ich deine positiven Eigenschaften anziehend finde, sondern im Gegenteil, ich finde deine positiven Eigenschaften anziehend, weil ich dich liebe und dich deshalb mit einem liebenden Blick betrachte.

Der Nobelpreis für Wirtschaft ging 2012 an Alvin Roth und Lloyd Shapley für ihre Ausarbeitung der »Matchingtheorie«, die Ökonomie der Wahl, wenn du nicht der Einzige bist, der die Wahl hat. In einem Interview erklärte Roth: »Wenn Menschen in die Schule gehen, wenn sie Studienfächer auswählen, wenn sie heiraten, sind das alles *matchingmarkets*. Du kannst nicht einfach das wählen, was du willst, du musst auch gewählt werden. Der Nutzen des Matching ist, dass du eine Beziehung definierst.«[11] Der Schlüsselsatz ist hier »eine Beziehung definieren«: In Liebesdingen bemüht sich die Matchingtheorie, eine Art Axiom oder Formel einer erfolgreichen sexuellen Beziehung zu konstruieren. Aber kann eine Liebesbeziehung auf dieselbe Ebene gebracht werden wie beispielsweise das Zusammenfinden eines Nierenpatienten mit einem Spender oder eines Arbeitssuchenden mit einem Jobangebot? Das Problem ist nicht das der moralischen Würde, sondern eines von immanenter Logik: Wenn man sich verliebt, weiß man nicht, was man braucht/will und sucht dann nach dem einen, der es hat – das »Wunder« der Liebe besteht darin, dass man erst herausfindet, was man braucht, wenn man es gefunden hat.

In welcher Beziehung steht all das zum Ereignis in der Sexualität? In dem Film *Romance XXX* (1999) der französischen Regisseurin Catherine Breillat gibt es eine phantasmatische Szene, die die radikale Kluft zwischen Liebe und Sexualität zeigt: Die Heldin imaginiert sich selbst, nackt auf dem Bauch auf einem niedrigen kleinen Tisch liegend, der in der Mitte durch eine Wand geteilt wird mit einer Öffnung darin, die gerade groß genug ist für ihren Körper. Mit dem oberen Teil ihres Körpers ist sie einem netten, zärtlichen Mann zugewandt, mit dem sie liebevolle Worte und Küsse austauscht, während ihr Unterleib einem oder mehreren Sexprotzen ausgesetzt ist, die sie wild und wiederholt penetrieren. Das wahre Wunder geschieht aber, wenn diese beiden Reihen für einen Moment übereinstimmen, wenn Sex in einen Liebesakt verwandelt wird. Es gibt vier Arten, diese unmögliche/reale Verbindung von Liebe und sexueller Lust zu verleugnen: (1) die Feier der asexuellen »reinen«

Liebe, als zeigte sexuelles Begehren für den Geliebten die Unaufrichtigkeit der Liebe; (2) die gegenteilige Behauptung von Sex als »einzig Wahrem«, das Liebe auf eine rein imaginäre Verlockung reduziert; (3) die Trennung dieser beiden Aspekte und ihre Verteilung auf zwei verschiedene Personen – man liebt seine Ehefrau (oder die idealisierte unerreichbare Dame), während man mit der »vulgären« Geliebten Sex hat; oder (4) ihre falsche unmittelbare Verschmelzung, in der intensiver Sex dazu dient, zu beweisen, dass man seinen Partner »ernsthaft liebt«, als ob, um unsere Liebe als echt unter Beweis zu stellen, jeder Sexualakt der sprichwörtliche »Fick des Jahrhunderts« sein muss. Alle vier Haltungen sind falsch, sind eine Flucht aus der Einsicht der unmöglichen/realen Verbindung von Liebe und Sex; wahre Liebe ist in sich selbst genug, sie macht Sex bedeutungslos – aber genau aus dem Grund, dass er »im Wesentlichen keine Rolle spielt«, können wir ihn ohne jeglichen Druck des Über-Ichs ganz genießen. Dies führt uns gänzlich unerwartet zu Lenin. Als Lenins (zu diesem Zeitpunkt Ex-) Geliebte Inessa Armand ihm 1916 schrieb, dass selbst eine flüchtige Leidenschaft poetischer und reiner sei als Küsse ohne Liebe zwischen Ehepartnern, antwortete er:

> Küsse ohne Liebe zwischen spießigen Eheleuten sind *schmutzig*. Einverstanden. Ihnen muß man gegenüberstellen … was? Man sollte meinen: Küsse *mit Liebe*. Sie aber stellen ihnen eine »flüchtige (warum flüchtige?) »Leidenschaft« (warum nicht Liebe?)« gegenüber – es ergibt sich also logischerweise, daß (flüchtige) Küsse ohne Liebe ehelichen Küssen ohne Liebe gegenübergestellt werden … Sonderbar.[12]

Lenins Antwort wird für gewöhnlich als Beweis für seine kleinbürgerlichen sexuellen Beschränkungen abgetan, flankiert von seiner bitteren Erinnerung an ihre vergangene Affäre; aber da ist noch etwas mehr. Die Einsicht, dass die ehelichen »Küsse ohne Liebe« und die außereheliche »flüchtige Affäre« die zwei Seiten derselben Medaille sind – beide vermeiden es, das Reale einer bedingungslosen leidenschaftlichen Bindung mit der Form der symbolischen Erklärung zu *verbinden*. Lenin hat hier zutiefst recht, wenn auch nicht in dem typisch prüden Sinn, eine »normale« Ehe aus Liebe der illegitimen Promiskuität vorzuziehen. Die zugrundeliegende Einsicht lautet, dass, entgegen allem Anschein, Liebe und Sex nicht nur verschieden sind, sondern letztlich unvereinbar, dass sie auf vollständig unterschiedlichen Ebenen operieren, wie Agape und Eros: Liebe ist gütig, selbstverneinend, sich ihrer selbst schämend, während Sex intensiv, selbstbehauptend, besitzergreifend, in sich gewalttätig ist (oder im Gegenteil: besitzergreifende Liebe vs. großzügiges Schwelgen in sexueller Lust). Das wahre Wunder geschieht allerdings, wenn (ausnahmsweise) diese beiden Reihen für einen Augenblick übereinstimmen, wenn Sex sich in einen Akt von Liebe verwandelt – eine Leistung, die real/unmöglich in genau dem lacanschen Sinne ist, und als solche von einer inhärenten *Seltenheit* gezeichnet ist. Heutzutage ist es, als würde sich der Knoten der drei Ebenen, der die traditionelle Sexualität gekennzeichnet hat (Fortpflanzung, sexuelle Lust, Liebe) allmählich auflösen: Fortpflanzung wird biogenetischen Verfahren überlassen, die den Geschlechtsverkehr redundant machen; Sex selbst hat sich in einen Freizeitspaß verwandelt, während Liebe auf das Gebiet der »emotionalen Erfüllung« reduziert ist. In einer solchen Situation ist es umso wichtiger, an jene seltenen wunderbaren Momente erinnert zu werden, in denen zwei dieser Dimensionen sich noch immer überschneiden können, d. h. in denen *jouissance* ein Zeichen für Liebe wird. Nur in diesen seltenen Augenblicken wird aus sexueller Aktivität ein Ereignis.

Abzweig 5.2 – Das Symbolische: Die neue Harmonie

Ein Schlag deines Fingers auf die Trommel löst alle Töne aus und läßt die neue Harmonie beginnen.

Ein Schritt von dir, das ist die Erhebung des neuen Menschen und ihr Aufbruch.

Dein Haupt wendet sich ab: die neue Liebe! Dein Haupt wendet sich uns wieder zu: die neue Liebe!

»Ändere unser Los, durchsiebe die Plagen, zu allererst die Zeit«, singen die Kinder dir entgegen. »Richte auf, wo immer du magst, das, was den Inhalt unseres Glücks und unserer Sehnsucht ausmacht«, das ist unser Gebet.

Gekommen zu allen Zeiten, die du gehst von dannen in alle Welt.[13]

Diese Verse aus Rimbauds »A une raison« stellen uns die knappste Bestimmung des *symbolischen Ereignisses* zur Verfügung, das in der Hervorbringung eines neuen Herrensignifikanten besteht. Dieser ereignishafte Moment ist derjenige, in dem der Signifikant – eine physische Form, die eine Bedeutung repräsentiert – mit dem Signifikat in eins fällt, in seine Bedeutung, und der Signifikant Teil des Objekts wird, das er bezeichnet. Stellen wird uns eine Situation von sozialer Unordnung vor, in der verschiedene soziale Gruppen verschiedene Erwartungen, Projekte und Träume haben; einigen Akteuren gelingt es dann, sie zusammenzubringen unter dem Banner eines Herrensignifikanten, der die Differenzen nicht dadurch umgeht, dass er sich auf die gemeinsame Grundlage der Gruppen konzentriert (die gemeinsamen Visionen und Werte) – er erlaubt nur jeder Gruppe, seine eigenen Inhalte in dem gemeinsamen Signifikanten wiederzuerkennen. Sagen wir, der Signifikant sei »Solidarität«: Er würde etwas anderes für einen arbeitslosen Arbeiter bedeuten als für einen konservativen Bauern, für einen hungernden Intellektuellen, für einen Soldaten oder Polizisten etc.; dennoch wird der soziale Pakt, die Einheit, die der Signifikant durchsetzt, nicht einfach eine Illusion sein, d.h. er wird nicht nur eine imaginäre Maske sein, die die Differenzen verdeckt, die weiterhin existieren. Insofern als die Durchsetzung des Signifikanten als Brennpunkt für eine tatsächliche politische Bewegung dient, die schließlich die Macht übernimmt, *etabliert er seine eigene soziale Realität*: Die Menschen kooperieren tatsächlich, selbst wenn es ihnen so erscheint, als täten sie es allein für ihre eigenen Zwecke. Es spielt keine Rolle, ob manche Gruppen diesen Signifikanten zynisch verwenden – wichtig ist, dass sie am sozial-symbolischen Raum unter seinem Banner teilhaben. In dieser Weise können wir Marx' Analyse der Ordnungspartei folgen, die die Macht übernahm, als der revolutionäre Elan der 1848er Revolution zu schwinden begann; als Geheimnis ihrer Existenz

enthüllte sich (...) die *Koalition der Orleanisten* und *Legitimisten* zu *einer Partei*. Die Bourgeoisklasse zerfiel in zwei große Fraktionen, die abwechselnd, das *große Grundeigentum* unter der *restaurierten Monarchie*, die *Finanzaristokratie* und die *industrielle Bourgeoisie* unter der *Julimonarchie*, das Monopol der Herrschaft behauptet hatten. *Bourbon* war der königliche Name für den überwiegenden Einfluß der Interessen der einen Fraktion, *Orléans* der königliche Name für den überwiegenden Einfluß der Interessen der anderen Fraktion – das *namenlose Reich der Republik* war das einzige, worin beide Fraktionen in gleichmäßiger Herrschaft das gemeinsame Klasseninteresse behaupten konnten, ohne ihre wechselseitige Rivalität aufzugeben.[14]

Die Parlamentsabgeordneten der Ordnungspartei betrachteten ihren Republikanismus als Farce: In Parlamentsdebatten rutschten ihnen royalistische Kommentare heraus, und sie machten die Republik lächerlich, um zu zeigen, dass ihr wirkliches Ziel darin bestand, die Monarchie wiederherzustellen. Ihnen war nicht bewusst, dass sie einem Selbstbetrug aufsaßen in Bezug auf die tatsächlichen sozialen Auswirkungen ihrer Herrschaft. Ohne es zu wissen, legten sie die Grundlagen der republikanisch bürgerlichen Ordnung, die sie so sehr verachteten (indem sie beispielsweise die Sicherheit von Privatbesitz garantierten). Sie waren also nicht einfach Royalisten, die republikanische Masken trugen, obwohl sie sich selbst so wahrnahmen; ihre »innere« royalistische Überzeugung war ihre täuschende Fassade, die ihre wahre soziale Rolle maskierte. Kurz, weit entfernt davon, die verborgene Wahrheit ihres öffentlich zur Schau gestellten Republikanismus zu sein, war ihr ehrlicher Royalismus die phantasmatische Stütze ihres eigentlichen Republikanismus – er war es, der ihrem Handeln die Leidenschaft gab. Ist es also nicht so, dass die Abgeordneten der Ordnungspartei im Grunde *vorgaben vorzugeben*, Republikaner zu sein, also das zu sein, was sie tatsächlich waren?

Eine solche Umkehrung des Signifikanten (die Durchsetzung eines Herrensignifikanten) ist dem bezeichneten Ding nicht einfach äußerlich: Es versieht das Ding stattdessen mit einem zusätzlichen unbekannten Merkmal, das als verborgener Ursprung seiner Eigenschaften erscheint. Stellen wir uns den Namen unserer Nation als Herrensignifikanten vor. Wenn wir ein Mitglied dieser Nation fragen: »Was bedeutet es, Amerikaner/Russe/Brite zu sein?«, wird die Antwort niemals einfach eine Reihe beobachtbarer Eigenschaften sein, sondern immer etwas in der Art: »Es ist etwas Rätselhaftes, das uns zu Amerikanern/Russen/Briten macht und das alle beobachtbaren Eigenschaften erklärt; es ist etwas, das Fremde nicht verstehen können – um es zu fühlen, muss man einer von uns sein!« Die Tatsache, dass dieses mysteriöse X tiefer als die Sprache zu reichen scheint, jenseits von klarer sprachlicher Artikulation, ist ein Effekt genau des Überschusses der Sprache über ihr Objekt.

Ein Sprechakt wird daher zu einem symbolischen Ereignis genau dann, wenn sein Auftreten das gesamte Feld neu strukturiert: Obwohl kein neuer Inhalt da ist, ist trotzdem alles gründlich verändert. Gilles Deleuze hat diese Dimension in seinem Begriff der reinen Vergangenheit genauer ausgearbeitet: nicht die Vergangenheit, in die gegenwärtige Dinge eingehen, sondern eine absolute Vergangenheit, »in der alle Ereignisse, solche eingeschlossen, die spurlos ins Vergessen geraten sind, aufbewahrt und als ihr eigenes Vergehen gedacht werden«;[15] eine virtuelle Vergangenheit, die bereits die Dinge enthält, die noch gegenwärtig sind. Die Gegenwart kann Vergangenheit werden, da sie es in gewisser Weise bereits ist – sie kann sich selbst als Teil der Vergangenheit wahrnehmen (»was wir gerade tun, ist Geschichte (bzw. wird es sein)«): »Durch das reine Element der Vergangenheit als Vergangenheit allgemein, als Vergangenheit *a priori*, wird diese frühere Gegenwart reproduzierbar, durch sie reflektiert sich die aktuelle Gegenwart.«[16] Bedeutet dies, dass diese reine Vergangenheit einen vollständig deterministischen Begriff des Universums beinhaltet, in dem alles, was geschehen wird, alle tatsächliche raumzeitliche Entfaltung bereits Teil eines uralten/zeitlosen virtuellen Netzwerks ist? Nein, und zwar aus einem sehr präzisen Grund: weil »die reine Vergangenheit die ganze Vergangenheit sein muss, aber ebenso zugänglich für Veränderungen durch das Geschehen einer neuen Gegenwart«.[17] Es war der große Konservative T. S. Eliot, der als Erster diese Verbindung zwischen unserer Abhängigkeit von der Tradition und unserer Macht, die Vergangenheit zu verändern, klar formuliert hat:

> der historische Sinn setzt einerseits voraus, daß man nicht nur das Vergangensein der Vergangenheit, sondern auch ihr Gegenwärtigsein deutlich spüre; der historische Sinn ist eine Art Ansporn, nicht nur aus dem innersten Lebensgefühl der jeweils eigenen Generation heraus zu schreiben, sondern auch aus dem Empfinden dafür, daß die Gesamtheit der nachhomerischen Literatur Europas, und innerhalb ihrer der Gesamtheit der Literatur des eigenen Landes, sich in einem überzeitlichen Sinne ausbreitet und eine gleichartige Ebene der Rangordnungen bildet (...) Kein Dichter – und kein Künstler überhaupt – ist in seiner vollen Bedeutung für sich allein zu erfassen. Seine Bedeutung, die Würdigung seines Wesens, setzt die Erfassung seines Verhältnisses zu den früheren Dichtern und Künstlern voraus. Man kann ihn als einzelnen nicht voll würdigen; man muß ihn, der Gegenüberstellung und des Vergleichs halber, zusammen mit den Vorgängern betrachten (...) Die Notwendigkeit, daß er sich einfügen muß, daß er sich in Ordnungen und Zusammenhänge einfüge, ist durchaus

nicht nur einseitig; von den Nachwirkungen der Tatsache, daß ein neues Kunstwerk entstanden ist, werden zugleich auch alle vorangegangenen Kunstwerke mitbetroffen. Die vorhandenen Literaturdenkmäler stellen untereinander eine ideale Ordnung dar, die dadurch, daß ein neues (ein wirklich neues) Kunstwerk sich zu ihnen gesellt, eine gewisse Veränderung erfährt. Die bis dahin gültige Ordnung ist gleichsam abgeschlossen, bevor das neue Werk auftaucht. Damit sie auch nach dessen Erscheinen fortbestehe, muß die *ganze* bestehende Ordnung einen, sei es noch so unmerklichen, Wandel erfahren; und so werden die Beziehungen, Verhältnisse, Werte jedes Kunstwerks dem Ganzen gegenüber wieder in ihr rechtes Verhältnis gesetzt; so erst entsprechen das Alte und das Neue einander (...) das Vergangene (erfährt) durch das Gegenwärtige eine genau so große Umwandlung (...), wie das Gegenwärtige seine Richtlinien vom Vergangenen her empfängt. Und der Dichter, der sich darüber im klaren ist, wird auch volle Klarheit über darin liegende große Schwierigkeiten und Verantwortlichkeiten gewinnen.[18]

Wenn Eliot schreibt, dass man, wenn man einen lebenden Dichter beurteilt, dieser »zusammen mit den Vorgängern« betrachtet werden muss, formuliert er ein präzises Beispiel für Deleuzes reine Vergangenheit. Und wenn er schreibt, dass die »bis dahin gültige Ordnung gleichsam abgeschlossen (ist), bevor das neue Werk auftaucht. Damit sie auch nach dessen Erscheinen fortbestehe, muß die *ganze* bestehende Ordnung einen, sei es noch so unmerklichen, Wandel erfahren; und so werden die Beziehungen, Verhältnisse, Werte jedes Kunstwerks dem Ganzen gegenüber wieder in ihr rechtes Verhältnis gesetzt«, formuliert er nicht weniger klar die paradoxe Verbindung zwischen der Vollständigkeit der Vergangenheit und unserer Fähigkeit, sie rückwirkend zu verändern: Genau aus dem Grund, dass die reine Vergangenheit vollständig ist, arrangiert jedes neue Werk ihre gesamte Balance neu. Nehmen wir die präzise Formulierung des argentinischen Schriftstellers Jorge Luis Borges zum Verhältnis Kafkas und der Menge seiner Vorgänger, von alten chinesischen Autoren bis zu Robert Browning: »In jedem einzelnen dieser Texte findet sich mehr oder weniger minder deutlich Kafkas Eigentümlichkeit, aber wenn Kafka nicht geschrieben hätte, würden wir sie nicht wahrnehmen; das heißt, sie würde nicht existieren (…) Tatsache ist, daß jeder Schriftsteller seine Vorläufer erschafft. Seine Arbeit modifiziert unsere Auffassung von der Vergangenheit genauso, wie sie die Zukunft modifiziert.«[19] Die wahrhaft dialektische Lösung des Dilemmas von »Steht es tatsächlich in der Quelle oder lesen wir es in die Quelle hinein?« ist folglich: Es steht da, aber wir können es nur rückwirkend wahrnehmen und aus der heutigen Perspektive feststellen.

Hier greift der zeitgenössische kanadische Philosoph Peter Hallward zu kurz in seinem ansonsten exzellenten Buch *Out of This World*,[20] in dem er nur den Aspekt der reinen Vergangenheit als virtuellem Feld betont, in dem das Schicksal aller aktuellen Ereignisse im Voraus besiegelt ist, da darin »alles bereits geschrieben ist«. Er ignoriert die rückwirkende Bewegung, auf der Deleuze ebenfalls besteht, und die Art und Weise, in der die ewige reine Vergangenheit, die uns vollkommen determiniert, selbst rückwirkender Veränderung unterworfen ist. Was bei diesem Thema mitschwingt, ist natürlich der protestantische Glaube an die Prädestination: Weit entfernt davon, ein reaktionäres theologisches Motiv zu sein, ist die Vorbestimmung ein wesentliches Element der materialistischen Bedeutungstheorie. Vorbestimmung bedeutet nicht, dass unser Schicksal in einem konkreten Text, der von Ewigkeit an im göttlichen Geist existiert hat, besiegelt ist; der Text, der uns vorherbestimmt, gehört zu der rein virtuellen ewigen Vergangenheit, die als solche rückwirkend von unseren Handlungen neu geschrieben werden kann. Dies ist vielleicht die letztgültige Bedeutung der Einzigartigkeit der Wiedergeburt Christi: Sie ist eine *Handlung*, die unser Schicksal radikal verändert. Vor Christus waren wir vom Schicksal vorherbestimmt, in einem Kreislauf aus Sünde und ihrer Vergeltung gefangen, während das Tilgen unserer vergangenen Sünden durch Christus genau meint, dass sein Opfer unsere virtuelle Vergangenheit verändert und uns damit freilässt. Wenn Deleuze zitiert »meine Wunde existierte vor mir, ich wurde geboren, um sie zu verkörpern«,[21] liefert dann diese Variation der Edamer Katze und ihrem Lächeln in *Alice im Wunderland* (die Katze wurde geboren, um ihr Lächeln zu verkörpern) nicht eine perfekte Formel für Christus' Opfer: Christus wurde geboren, um seine Wunde zu verkörpern, um gekreuzigt zu werden? Das Problem ist die wörtliche theologische Lesart dieser Aussage, als würden die tatsächlichen Taten einer Person nur ihre zeitlos-ewige Bestimmung aktualisieren, die in ihrer virtuellen Idee eingeschrieben ist:

> Caesars einzige richtige Aufgabe ist es, den Ereignissen gerecht zu werden, die zu verkörpern er geschaffen wurde. *Amor fati*. Was Caesar tatsächlich tut, fügt nichts zu dem hinzu, was er virtuell ist. Wenn Caesar den Rubikon überquert, beinhaltet dies keinen freien Willen oder keine Wahl, da es schlicht Teil des gesamten, unmittelbaren Ausdrucks von Caesarentum ist, es entfaltet etwas, das für alle Zeiten eingeschlossen war in den Begriff Caesar.[22]

Was ist aber mit der Rückwirkung einer Geste, die die Vergangenheit selbst (neu) konstituiert? Dies ist vielleicht die knappste Definition dessen, was eine authentische Handlung ist: In unserem gewöhnlichen Handeln folgen wir tatsächlich den (virtuell-phantasmatischen) Koordinaten unserer Identität, während eine eigentliche Handlung das Paradox eines gegenwärtigen Spielzugs darstellt, der (rückwirkend) die virtuellen, »transzendentalen« Seinskoordinaten des Handelnden verändert – oder, in freudschen Begriffen, der nicht nur die Aktualität der Welt verändert, sondern auch »ihre Unterwelt bewegt«. Wir haben folglich eine reflexive »Zurückfaltung der Bedingung auf das Gegebene, für das es die Bedingung war«:[23] Während die reine Vergangenheit die transzendentale Bedingung für unsere Handlungen ist, schaffen unsere Handlungen nicht nur eine neue gegenwärtige Realität, sondern sie verändern rückwirkend ebendiese Bedingung. Auf genau diese Weise sollte man auch Hegels These lesen, dass im Verlauf der dialektischen Entwicklung die Dinge »zu dem werden, was sie sind«: Es ist nicht so, dass eine zeitliche Entfaltung/Entwicklung nur präexistente zeitlose konzeptuelle Strukturen aktualisiert – diese zeitlose konzeptuelle Struktur ist selbst das Ergebnis von kontingenten zeitlichen Entscheidungen. Kehren wir zum beispielhaften Fall einer kontingenten Entscheidung zurück, deren Ergebnis das gesamte Leben des Handelnden bestimmt, Caesars Überqueren des Rubikon:

> Es genügt nicht zu sagen, dass den Rubikon zu überqueren, Teil des vollständigen Begriffs von Caesar ist. Man sollte eher sagen, dass Caesar von der Tatsache bestimmt ist, dass er den Rubikon überquert hat. Sein Leben folgte nicht einem von irgendeiner Göttin in ein Buch geschriebenen Szenario: Es gibt kein Buch, das bereits alle Beziehungen von Caesars Leben

enthalten würde, aus dem einfachen Grund, dass das Leben selbst dieses Buch ist, und dass, zu jedem Zeitpunkt, ein Ereignis in sich selbst seine eigene Erzählung ist.[24]

Gilt nicht genau dasselbe für die Liebe? Sich zu verlieben ist ein kontingentes Zusammentreffen, aber sobald es passiert ist, erscheint es als notwendig, als etwas, auf das sich unser gesamtes Leben zubewegt hat. Lacan beschrieb diesen Umschlag der Kontingenz in Notwendigkeit als einen Wechsel vom »zessiert, sich nicht zu schreiben« zum »zessiert nicht, sich zu schreiben«: Zuerst hört Liebe »auf, nicht geschrieben zu werden«, sie geht aus einem kontingenten Zusammentreffen hervor; dann, sobald sie da ist, hört sie »nicht auf, geschrieben zu werden«, sie erlegt einem Liebenden die Arbeit der Liebe auf, die kontinuierliche Anstrengung, in sein oder ihr Sein alle Konsequenzen der Liebe hineinzuschreiben, seine oder ihre Liebe um die Treue zum Ereignis der Liebe herum zu strukturieren:

> Die Verschiebung der Negation von *zessiert, sich nicht zu schreiben* zum *zessiert nicht, sich zu schreiben*, von der Kontingenz zur Nezessität, eben da ist der Schwebepunkt, an den sich die Liebe heftet. Jede Liebe, indem sie subsistiert nur aus dem *zessiert, sich nicht zu schreiben*, neigt dazu, die Negation übergehen zu machen zum *zessiert nicht, sich zu schreiben*, zessiert nicht, wird nicht zessieren.[25]

Darin liegt die dialektische Umkehrung von Kontingenz in Notwendigkeit, d. h. die Art und Weise, in der das Ergebnis eines kontingenten Prozesses das Erscheinen von Notwendigkeit ist: Dinge werden im Nachhinein »notwendig gewesen sein«, oder, um Jean-Pierre Dupuy zu zitieren: »Es ist folglich die Aktualisierung des Ereignisses – die Tatsache, dass es stattfindet –, die rückwirkend seine Notwendigkeit schafft.«[26] Dupuy gibt das Beispiel der französischen Präsidentschaftswahlen im Mai 1995; die Januar-Prognose des wichtigsten französischen Wahlforschungsinstituts lautete: »Wenn am nächsten 8. Mai Frau Balladur gewählt wird, kann man sagen, dass die Präsidentschaftswahl entschieden war, bevor sie stattgefunden hat.« Wenn – zufällig – ein Ereignis stattfindet, schafft es die vorausgehende Kette, die es unvermeidlich erscheinen lässt.

Dies führt uns zu der spezifischen Zeitlichkeit des symbolischen Ereignisses: der abrupten Umkehrung von »noch nicht« in »je schon«. Es existiert immer eine Lücke zwischen formalem und materiellem Wandel: Dinge verändern sich graduell auf der materiellen Ebene, und dieser Wandel ist unterirdisch, wie ein Sekret, das aus einer tödlichen Infektion hervorbricht; wenn der Kampf an die Oberfläche tritt, hat der Tumor bereits seine Arbeit beendet, und die Schlacht ist de facto vorüber – alles, was man tun muss, ist, die Mächtigen daran zu erinnern, nach unten zu schauen und festzustellen, dass es keinen festen Boden unter ihren Füßen mehr gibt und das ganze Gebäude in sich zusammenfällt wie ein Kartenhaus. Als Margaret Thatcher gefragt wurde, was ihre größte Leistung war, antwortete sie: »New Labour«. Und sie hatte recht: Ihr Triumph lag darin, dass selbst ihre politischen Feinde ihre grundlegende Wirtschaftspolitik übernommen hatten – der wahre Triumph ist nicht der Sieg über die Feinde, er findet statt, wenn der Feind selbst unsere Sprache zu verwenden beginnt, so dass unsere Ideen die Grundlage des gesamten Feldes bilden. Dasselbe gilt für die große Polemik zwischen John Locke und Robert Filmer im 17. Jahrhundert: Filmer wandte sich gegen Locke und seine aufklärerische Auffassung, alle Menschen seien im Naturzustand von Gott gleich geschaffen worden, und als solche besäßen sie eine Reihe natürlicher Rechte; stattdessen behauptete er, dass die Führung einer Familie durch den Vater der wahre Ursprung und das Modell aller Regierung sei. Am Anfang gab Gott Adam die Autorität; von Adam wurde diese Autorität an Noah vererbt etc., so dass die Patriarchen die absolute Macht erbten, die sie über ihre Familien und Diener ausübten; und von diesen Patriarchen stammt die Autorität aller Könige und Regierenden ab, die deshalb absolut und auf göttliches Recht gegründet ist. Das Problem ist, dass Filmer, in dieser Art von rationaler Auseinandersetzung, sich bereits auf das Terrain begibt, das sein Gegenspieler bestimmt, das Terrain der Naturgeschichte der Gesellschaft. Hier ist, auf einer universaleren Ebene, Hegels klassische Beschreibung davon, wie die reine Einsicht der Aufklärung den traditionellen religiösen Geist unterläuft:

> Die Mitteilung der reinen Einsicht ist deswegen einer ruhigen Ausdehnung oder dem *Verbreiten* wie eines Duftes in der widerstandslosen Atmosphäre zu vergleichen. Sie ist eine durchdringende Ansteckung, welche sich nicht vorher gegen das gleichgültige Element, in das sie sich insinuiert, als Entgegengesetztes bemerkbar macht und daher nicht abgewehrt werden kann. Erst wenn die Ansteckung sich verbreitet hat, ist *sie für das Bewußtsein*, das sich ihr unbesorgt überließ. (…) Sowie daher die reine Einsicht für das Bewußtsein ist, hat sie sich schon verbreitet; der Kampf gegen sie verrät die geschehene Ansteckung; er ist zu spät, und jedes Mittel verschlimmert nur die Krankheit, denn sie hat das Mark des geistigen Lebens ergriffen (…) Sondern nun ein unsichtbarer und unbemerkter Geist, durchschleicht sie die edlen Teile durch und durch und hat sich bald aller Eingeweide und Glieder des bewußt-

losen Götzen gründlich bemächtigt, und »an einem schönen
Morgen gibt sie mit dem Ellenbogen dem Kameraden einen
Schub und Bautz! Baradautz! der Götze liegt am Boden.«[27]

Wir alle kennen die klassische Szene in Zeichentrickfilmen:
Die Katze erreicht den Abgrund, läuft aber weiter und ignoriert die Tatsache, dass da kein Boden mehr unter ihren
Füßen ist; sie beginnt erst zu fallen, als sie hinunterschaut
und den Abgrund bemerkt. Wenn ein politisches Regime
beispielsweise seine Autorität verliert, ist es wie die Katze
über dem Abgrund: um zu fallen, muss es nur daran erinnert werden, nach unten zu schauen. Aber dasselbe gilt
auch für das Gegenteil: Wenn ein autoritäres Regime sich
seiner finalen Krise nähert, erfolgt seine Auflösung regelmäßig in zwei Schritten. Vor seinem tatsächlichen Zusammenbruch findet ein merkwürdiger Bruch statt: Plötzlich
erkennen die Menschen, dass das Spiel vorbei ist – und
haben keine Angst mehr. Das Regime verliert nicht nur
seine Legitimität, sondern die Ausübung seiner Macht wird
selbst als ohnmächtige Panikreaktion wahrgenommen. In
Schah-in-schah, einem klassischen Bericht über die iranische
Revolution von 1979, lokalisiert Ryszard Kapuściński den
exakten Moment dieses Bruchs: An einer Kreuzung in Teheran weigerte sich ein einzelner Demonstrant, sich von der
Stelle zu bewegen, als ein Polizist ihn dazu aufforderte, und
der beschämte Polizist zog sich einfach zurück; in einigen
Stunden wusste ganz Teheran von diesem Vorfall, und obwohl die Straßenkämpfe noch wochenlang weitergingen,
war dennoch allen irgendwie klar, dass das Spiel aus war.[28]
Dies führt uns zur Liebe (und zum Verlieben) zurück, was
durch denselben zeitlichen Bruch charakterisiert ist. In einer Erzählung von Henry James sagt der Held über eine Frau,

die ihm nahesteht: »Sie liebt ihn bereits, sie weiß es nur noch nicht.« Was wir hier vorfinden, ist eine Art freudscher Gegenpart zu Benjamin Libets Experiment über den freien Willen: Libet hat gezeigt, dass, bevor wir noch bewusst entscheiden (beispielsweise einen Finger zu bewegen), der entsprechende neuronale Prozess bereits im Gange ist, was bedeutet, dass unsere bewusste Entscheidung lediglich zur Kenntnis nimmt, was bereits vor sich ging (und damit seine überflüssige Autorisierung zu einem *fait accompli* gab).[29] Bei Freud geht die Entscheidung ebenfalls dem Bewusstsein voraus, aber es handelt sich nicht um einen rein objektiven Prozess, sondern um eine unbewusste Entscheidung. Freud stimmt hier mit Schelling überein, für den eine wahrhaft freie Entscheidung unbewusst ist, weshalb wir uns niemals in der Gegenwart verlieben: Nach einem (für gewöhnlich langen) Prozess von unbewusster Entstehung erkennen wir plötzlich, dass wir (schon) verliebt *sind*. Das Verlieben *geschieht* nie zu einem bestimmten Zeitpunkt, es ist *je schon geschehen*.

Wir sollten hier vorsichtig sein und nicht die verändernde Macht eines Herrensignifikanten mit dem sogenannten Performativ (als Sprechakt) verwechseln. Das Eingreifen eines Herrensignifikanten hat die Form eines Konstativs, eines reinen Feststellens *nach der Tatsache*, dass etwas bereits existiert, es sei denn eine solche Feststellung verändert rückwirkend alles. Die wahre Aussage von Hass ist nicht »Nun merke ich, wie sehr ich dich hasse!«, sondern »Nun weiß ich, dass ich dich immer schon gehasst habe!« Erst diese zweite Aussage löst die Vergangenheit auf. Denken wir an die performative Logik des Deklarativs: Jemand tut etwas; jemand nennt sich selbst (erklärt sich selbst) als derjenige, der es getan hat; und, auf der Grundlage dieser Erklärung, tut er etwa Neues – der eigentliche Moment der subjektiven Veränderung ereignet sich in dem Augenblick der Erklärung, nicht in dem der Handlung. In anderen Worten, das wahrhaft Neue entsteht durch Erzählung, das anscheinend rein reproduktive Wiedererzählen dessen, was geschehen ist – es ist das Wiedererzählen, das den Raum (die Möglichkeit) öffnet, in anderer Weise zu handeln. Wütend über seine Behandlung nimmt beispielsweise ein Arbeiter an einem wilden Streik teil; allerdings wird er erst im Nachhinein, wenn er davon als einem Akt des Klassenkampfs berichtet/ erzählt, subjektiv in ein revolutionäres Subjekt verwandelt, und auf der Grundlage dieser Verwandlung kann er nun weiterhin als ein wahrer Revolutionär handeln. Nirgends ist die »performative« Rolle des Wiedererzählens spürbarer als in dem, was Philister als die langweiligsten Passagen aus Wagners Musikdramen betrachten, die langen Erzählungen, in denen der Held rekapituliert, was bis zu diesem Moment geschehen ist. Wie Alain Badiou bemerkt hat, sind lange Erzählungen der wahre Ort des dramatischen Wandels in Wagners Opern – in ihrem Verlauf wohnen wir der tiefgreifenden subjektiven Veränderung des Erzählers bei.[30] Exemplarisch dafür ist Wotans großer Monolog im zweiten Akt der *Walküre*: Der Wotan, der als Resultat seiner eigenen Erzählung daraus hervorgeht, ist nicht derselbe wie der, der sie begonnen hat, sondern ein Wotan, der entschlossen ist, auf neue Art und Weise zu handeln – Wotan erkennt und akzeptiert sein letztendliches Scheitern und entschließt sich, sein eigenes Ende zu begehren. Und, wie Badiou bemerkt hat, es ist die Rolle der musikalischen Textur, die hier entscheidend ist: Es ist die Musik, die das, was wie ein Bericht über die Ereignisse und den Zustand der Welt klingt, in die Entfaltung der subjektiven Metamorphose des Erzählers selbst hineinverwandelt. Man kann auch sehen, wie richtig Wagner damit lag, den eigentlichen Akt (eine Schlacht für gewöhnlich) auf einen bedeutungslosen Vorfall zu reduzieren, den man schnell loswerden will, am besten sogar hinter der Bühne (wie dies beispielsweise im zweiten Akt von *Parsifal* der Fall ist, bei Parsifals Kampf mit und Sieg über Klingsors Ritter: Wir hören nur den Bericht über Parsifals Entwicklung von Klingsor, der den Kampf aus der Ferne beobachtet). Es ist unmöglich, nicht zu bemerken, in welch seltsamer Weise die Kürze der tatsächlichen Kämpfe in Wagners Werk (das kurze Duell zwischen Lohengrin und Telramund im dritten Akt von *Lohengrin*; das Duell zwischen Tristan und Melot am Ende des dritten Akts von *Tristan*, um nicht die lächerlichen Kämpfe am Ende von *Tristan* zu erwähnen) mit der langen Dauer der Erzählpassagen und Erklärungen kontrastieren.

Dieselbe Zeitlichkeit charakterisiert den Strukturalismus – kein Wunder, dass Claude Lévi-Strauss (1908–2009) den Strukturalismus als Transzendentalismus ohne transzendentales Subjekt bezeichnet hat. In einem einzigartigen Fall von Selbstreferenz ist der äußerte Fall eines symbolischen Ereignisses, von etwas, das plötzlich hervorbricht und seine eigene Vergangenheit erschafft, die Entstehung der symbolischen Ordnung selbst. Die strukturalistische Idee lautet, dass man die Genese der symbolischen Ordnung nicht denken kann: Sobald sie da ist, ist sie je schon da gewesen, man kann nicht mehr aus ihr heraustreten; alles, was man tun kann, ist Mythen über ihre Genese zu erzählen (was Lacan gelegentlich auch versucht). Den wunderbaren Titel von Alexei Yurchaks Buch über die letzte sowjetische Generation – *Everything was forever, until it was no more (Alles war für immer, bis es nicht mehr existierte)* – umkehrend, könnte man sagen: Nichts von der symbolischen Ordnung war da, bis insgesamt mit einem Mal *je schon* da gewesen ist. Das Problem ist hier die Entstehung eines selbstbezüglichen »geschlossenen« Systems, das kein Außen hat: Es kann nicht von außerhalb erklärt werden, denn sein konstitutiver Akt ist selbstbezüglich, d.h. das System entsteht vollständig, sobald es sich selbst verursacht hat; es legt seine Voraussetzungen in eine geschlossene Schleife. Es ist also nicht so, dass die symbolische Ordnung plötzlich vollständig da ist – sondern sie ist nicht da und dann, plötzlich, ist es, als wäre die symbolische Ordnung je schon da gewesen, als hätte es nie eine Zeit ohne sie gegeben.

Abzweig 5.3 – Das Imaginäre: Die drei Spritzer

Es gibt einige klassische Musikstücke, die in unserer Kultur so stark mit ihrer späteren Verwendung in einem Produkt der kommerziellen Populärkultur assoziiert sind, dass es fast unmöglich ist, sie von dieser Verwendung zu trennen. Seit das Thema des zweiten Satzes von Mozarts Klavierkonzert Nr. 20 in *Das Ende einer großen Liebe* (Originaltitel: *Elvira Madigan*), einem beliebten schwedischen Melodram, verwendet worden ist, wird das Stück bis heute regelmäßig und selbst von seriösen klassischen Musikproduktionsfirmen als »Elvira-Madigan-Konzert« bezeichnet. Was aber, wenn wir, anstatt in Wut über einen solchen kommerzialisierten Musikfetischismus zu geraten, einmal eine Ausnahme machen und offen unsere schuldbewusste Lust gestehen, ein Musikstück zu genießen, das in sich wertlos ist und all sein Interesse aus der Art und Weise bezieht, wie es in einem populärkulturellen Produkt verwendet worden ist? Mein Lieblingskandidat ist die »Storm Clouds Cantata« aus dem Hitchcock-Film *Der Mann, der zuviel wuß- te*, speziell von Arthur Benjamin für die Klimax-Szene in der Royal Albert Hall komponiert. Obwohl die Kantate ein eher lächerliches Stück spätromantischen Kitsches ist, ist es nicht so uninteressant, wie man denken würde – schon die Worte (von D. B. Wyndham-Lewis) sind es wert, zitiert zu werden:

Ein geflüsterter Schreck kam mit der Brise
Und der dunkle Wald schüttelte
die zitternden Bäume
Die namenlose Angst kam
Und Panik bemächtigte sich jeder fliegenden Kreatur
   der Wildnis
Und als alle geflohen waren
Standen noch die Bäume dort
Um deren Häupter
Die Nachtvögel schrien
Und dann davonschossen
Und Erleichterung fanden
Von dem, was sie vor sich hertrieb wie seine Beute
Die Sturmwolken brachen und ließen den sterbenden
   Mond hindurch
Die Sturmwolken brachen
Und fanden Erleichterung

Ist dies nicht ein Minimalszenario dessen, was Gilles De- leuze ein »abstraktes« Gefühlsereignis genannt hat: Ein Frieden voller Anspannung, der ins Unerträgliche wächst und sich schließlich in einer gewaltigen Explosion entlädt? Man sollte sich hier noch einmal Hitchcocks Traum vor Augen führen, das narrative audiovisuelle Medium im Ganzen hinter sich zu lassen und die Emotionen direkt im Zuschauer hervorzurufen, indem man mittels eines komplexen Mechanismus seine emotionalen neuronalen Zentren manipuliert. In platonischen Begriffen ausgedrückt: *Psycho* ist in Wirklichkeit kein Film über pathologische oder angsterfüllte Personen, sondern über die »abstrakte« Idee der Angst, die in konkreten Individuen und ihrem Unglück repräsentiert wird. In derselben Weise illustriert die Musik der »Storm Clouds Cantata« nicht Wyndham-Lewis' Worte, noch bezieht sie sich auf das filmische Ereignis. Sie liefert im Gegenteil in direkter Weise das Gefühlsereignis.

Ein solches Ereignis ist imaginär im strikten lacanschen Sinn: Es schwebt in einer gewissen Distanz zu seinem materiellen Träger, der es repräsentiert und hervorbringt, im fragilen Bereich zwischen Sein und Nichtsein. In seiner *Logik des Sinns* kehrt Deleuze Platons Dualismus der ewigen Ideen und ihrer Nachahmungen in der sinnlichen Realität in einen Dualismus von substantiellen (materiellen) Körpern und die reine unbeteiligte Oberfläche der Bedeutung um, den Fluss des Werdens, der sich genau auf der Grenze zwischen Sein und Nichtsein befindet. Bedeutungen sind Oberflächen, die nicht existieren, sondern nur subsistieren: »Es handelt sich nicht um Dinge oder Dingzustände, sondern um Ereignisse. Man kann nicht sagen, daß sie existieren, sondern eher daß sie subsistieren oder insistieren, da sie über jenes Mindestmaß an Sein verfügen, das all dem zukommt, was kein Ding, was nicht-existierende Entität ist.«[31] Die alten Stoiker, die diesen Begriff des »Unkörperlichen« entwickelten, gingen sogar noch zur ersten großen Umkehrung des Platonismus, zur radikalen Umkehrung über. Denn wenn die Körper mit ihren Zuständen, Qualitäten und Quantitäten alle Merkmale der Substanz und der Ursache in sich aufnehmen, ergießen sie umgekehrt die Merkmale der Idee von der anderen Seite her in dieses unerschütterliche, sterile, unwirksame Außersein, auf der Oberfläche der Dinge: *Das Ideelle, das Unkörperliche können nur noch eine »Wirkung« sein.*[32]

Das Messer und das Fleisch sind Körper; das Messer ist die Ursache für ein asomatisches *kategorema* (Prädikat), nämlich geschnitten zu werden im Hinblick auf das Fleisch. Feuer und Holz sind Körper; das Feuer ist die Ursache für ein asomatisches *kategorema*, nämlich verbrannt zu werden im Hinblick auf das Holz. Wenn die Sonne oder die Hitze der Sonne das Wachs schmelzen lässt, müssen wir sagen, dass die Sonne die Ursache ist, nicht des Schmelzens des Wachses, sondern des Wachses, das schmilzt, eines *kategoremas*, das durch ein Partizip Perfekt angezeigt wird.

Die buddhistische Ontologie scheint in eine ähnliche Richtung zu weisen, sie sogar zu radikalisieren: Die Realität selbst wird entsubstantialisiert und auf einen Fluss fragiler Erscheinungen reduziert, so dass schließlich alles Ereignis(haft) wird. Das buddhistische Universum lässt folglich zwei Arten von Ereignis zu: das Ereignis der Erleuchtung, des vollständigen Annehmens der Nichtexistenz des Selbst, und das Festhalten an einem fließenden Ereignis, wie es sich exemplarisch in der Haiku-Dichtung zeigt und die Deleuze ein reines Ereignis des (Nicht)Sinns nennt. Dies scheint die Erkenntnis des Buddhismus zu sein: die Überlappung des Absoluten (die Leere, die im Nirwana erfahren wird) und der fragile blitzartige winzige Oberflächeneffekt (das Thema des Haikus). Hier ist Matsuo Bashôs bekanntestes Haiku:

Der alte Weiher:
Ein Frosch, der grad hineinspringt –
Des Wassers Platschen.[33]

Das wahre Objekt ist das Platsch-Ereignis (das sich überschneidet mit der Stille, die es trägt?). Es gibt hier keine Idealisierung in dem Haiku, nur den Effekt der Sublimierung, bei dem irgendeine »niedere« materielle Handlung das Ereignis verursachen kann; wir sollten also keine Angst davor haben, uns eine viel vulgärere Version eines Haikus vorzustellen, das um dasselbe Ereignis kreist – ein Freund aus Japan erzählte mir, dass eine Variation aus dem 20. Jahrhundert des bashôschen Platsch-Motivs existiert, das genau *nicht* als Parodie gelesen werden sollte:

Toilettenschüssel mit schmutzigem Wasser …
Ich sitze darauf
Platsch

Die Drei-Verse-Regel bei Haiku-Gedichten ist gut begründet: Der erste Vers liefert die Situation vor dem Ereignis (ein alter Weiher, eine Schüssel mit ruhigem Wasser); der zweite Vers markiert einen Einschnitt in diese Passivität, den Eingriff, der den Frieden stört und das Ereignis hervorbringen wird (ein Frosch springt, ich sitze auf einer Toilettenschüssel); und der letzte Vers benennt das flüchtige Ereignis (das Geräusch des Platschens). Selbst wenn auf das zerschneidende Wort oder der zerschneidende Satz (*kireji*) kein aktiver Eingriff folgt, markiert es einen Bruch zwischen einer allgemeinen neutralen Situation und dem spezifischen Element, das als materieller Träger des Ereignisses dient – hier sind zwei weitere Haikus von Bashô:

Des Frühlings Nahen:
Ein namenloser Hügel
Verschleiert vom Morgennebel.

Im ersten Herbste
Das Meer wie frisches Reisfeld:
Ein tiefes Blaugrün.

Das »Objekt« ist hier der erste Morgennebel, dann die Farbe
Grün – Objekt nicht als Substanz, sondern als ein Ereignis,
ein reiner steriler Effekt als Exzess seiner Ursache (die, wie
wir gesehen haben, ebenso vulgär wie erhaben sein kann).
In einem solch immateriellen Effekt überschneidet sich
das flüchtige Fast-Nichts der reinen Erscheinung mit der
Ewigkeit, Bewegung überschneidet sich mit Stillstand, Geräusch mit ewiger Stille, ein singulärer Moment des Sinns
mit Nicht-Sinn; es ist die Art des Zen, zu sagen »Geist ist
ein Knochen«. Eine solche Aufhebung körperlicher Realität
ist allerdings zutiefst zweischneidig: Sie kann als Schirm
fungieren, der die erschreckenden Folgen unserer Handlungen vernebelt. Denken wir an den Titel von Robert Pirsigs
Dauer-Bestseller der New-Age-Philosophie, *Zen und die Kunst,
ein Motorrad zu warten*;[34] man kann sich leicht eine Reihe von
Variationen desselben Motivs vorstellen: Zen und die Kunst
der sexuellen Leistung, des Geschäftserfolgs ... bis zu Zen
und die Kunst der freundlichen Kriegsführung. Tatsächlich agiert der Krieger innerhalb der Zen-Haltung nicht
mehr als Person; er ist gründlich entsubjektiviert, oder wie
einer der hauptsächlichen Verbreiter von Zen im Westen,
D. T. Suzuki, es formuliert hat: »In einem solchen Fall tötet
nicht der Betreffende, sondern das Schwert selbst tut dies.
Er hatte nicht vor, irgendjemandem zu schaden, doch der

Feind taucht auf und macht sich selbst zum Opfer. Es ist, als würde das Schwert automatisch seine natürliche Aufgabe, der Gerechtigkeit zu dienen, erfüllen, was die Funktion des Erbarmens ist.«[35] Liefert diese Beschreibung des Tötens nicht den äußersten Fall der phänomenologischen Haltung, die, anstatt in die Realität einzugreifen, die Dinge schlicht erscheinen lässt, wie sie sind? Das Schwert selbst übernimmt das Töten, der Feind erscheint einfach und macht sich zum Opfer – ein Krieger hat kein eigenes Anliegen und ist reduziert auf einen passiven Beobachter seiner eigenen Handlungen.

In den 1970er Jahren, zur Zeit der brasilianischen Militärdiktatur, improvisierte der Kreis von Geheimpolizisten, der politische Gefangene folterte, eine Art Privatreligion: ein New-Age-Buddhismus-Verschnitt, der sich auf die Überzeugung gründete, dass es keine Realität gebe, sondern nur einen bruchstückhaften Tanz illusorischer Erscheinungen.[36] Man kann gut erkennen, wie diese »Religion« sie befähigte, den Horror dessen auszuhalten, was sie taten. Es verwundert daher nicht, dass »getroffen von der kalten Art seines Anführers und der äußersten Rohheit seinen Feinden gegenüber, einer seiner Kameraden Pol Pot einst mit einem buddhistischen Mönch verglich, der die ›dritte Ebene‹ seines Bewusstseins erreicht habe: ›Du bist vollkommen neutral. Nichts bewegt dich. Das ist die höchste Ebene.‹«[37] Man sollte die Idee nicht als obszöne falsche Parallele zurückweisen: Pol Pot ging aus dem kulturellen Hintergrund des Buddhismus mit seiner langen Tradition militärischer Disziplin hervor. An diesen Gedanken entlang können wir gut noch ein weiteres Haiku erfinden, dessen dritter Vers das reine Ereignis des Bluts liefert, das aus einem mit einem Schwert traktierten Körper hervorspritzt:

Fetter Körper, der vor mir wackelt
Das Schwingen meines Schwertes
Spritz!

Oder, warum nicht noch einen Schritt weitergehen in Richtung Auschwitz:

Gefangene nehmen eine Dusche
Mein Finger drückt einen Knopf
Schreie hallen!

Der springende Punkt dieser Improvisationen ist, dass wir uns nicht auf geschmacklose Witze einlassen, sondern uns vor Augen führen, dass eine wahrhaft erleuchtete Person in der Lage sein sollte, ein reines Ereignis selbst unter solch schrecklichen Bedingungen zu erkennen. Die traurige Lehre besteht an dieser Stelle darin, dass es keine grundsätzliche Unvereinbarkeit von brutalem Terror und wahrem poetischem Geist gibt – sie können Hand in Hand gehen.

Sechster Halt – Das Ungeschehenmachen eines Ereignisses

Der deutsche Ausdruck »rückgängig machen« wird ins Englische für gewöhnlich übersetzt mit »to annul, cancel or unhitch«, hat aber eine etwas genauere Konnotation: etwas rückwirkend ungeschehen machen, dafür sorgen, dass es nie stattgefunden hat. Der Vergleich zwischen Mozarts *Hochzeit des Figaro* und Rossinis *Figaro*artigen Opern macht dies unmittelbar deutlich. Bei Mozart überlebt das politische Potential von Beaumarchais' Drama den Druck der Zensur – denken wir nur an das Finale, in dem der Graf niederknien und seine Untergebenen um Vergebung bitten muss –, ganz abgesehen von der Explosion des kollektiven »Viva la libertà!« im Finale des ersten Akts von *Don Giovanni*. Die atemberaubende Leistung von Rossinis *Barbier von Sevilla* sollte an diesem Standard gemessen werden: Rossini nahm ein Theaterstück, das eines der Symbole des revolutionären bürgerlichen Geistes in Frankreich darstellte, entpolitisierte es vollständig und verwandelte es in eine reine Opera buffa. Es verwundert nicht, dass die goldenen Jahre Rossinis zwischen 1815 und 1830 lagen, die Jahre der Reaktion, in denen die europäischen Mächte die unmögliche Aufgabe des Ungeschehenmachens in Angriff nahmen, das Rückgängigmachen, das Nicht-geschehen-machen der vorangegangenen revolutionären Dekaden. Genau das unternimmt Rossini in seinen großartigen komischen Opern: Sie versuchen dem Leben die Unschuld der vorrevolutionären

Welt zurückzugeben. Rossini hasste und bekämpfte nicht aktiv die neue Welt, er komponierte schlicht, als hätten die Jahre von 1789 bis 1815 nicht existiert. Rossini hatte deshalb recht damit, nach 1830 (fast) vollständig das Komponieren einzustellen, die zufriedene Haltung eines Bonvivants einzunehmen und auf Tourneen zu gehen. Dies war das einzig ethisch Richtige, was er tun konnte, und sein langes Schweigen ist vergleichbar mit dem von Jean Sibelius.

In Anbetracht der Tatsache, dass die Französische Revolution *das* Ereignis der modernen Geschichte ist, der Bruch, nach dem nichts mehr war wie vorher, sollte man hier die Frage aufwerfen: Ist diese Art des Rückgängigmachens, das Ereignis ungeschehen zu machen, eines der möglichen Schicksale eines jeden Ereignisses? Die gut bekannte Formel »Je sais bien, mais quand même …« (Ich weiß sehr wohl, aber dennoch …) signalisiert eine zwiespältige Haltung des Subjekts gegenüber einer Entität – man weiß, es ist wahr, kann aber diese Wahrheit nicht akzeptieren, wie in diesem Beispiel: »Ich weiß sehr gut, dass mein Sohn ein Mörder ist, aber trotzdem kann ich es nicht glauben!« Dieselbe zwiegespaltene Haltung kann man sich ebenso gegenüber einem Ereignis vorstellen: »Ich weiß sehr gut, dass es kein Ereignis gegeben hat, sondern nur die normale Routine der Dinge, aber vielleicht, unglücklicherweise … glaube ich dennoch, dass es stattgefunden hat.« Und – noch interessanter – ist es möglich, ein Ereignis nicht direkt, sondern rückwirkend abzustreiten? Stellen wir uns eine Gesellschaft vor, die in ihre ethische Substanz vollkommen die großen modernen Axiome von Freiheit, Gleichheit, demokratischen Rechten, der Pflicht einer Gesellschaft, für Bildung und grundlegende Gesundheitsversorgung aller ihrer Mitglieder zu sorgen, integriert hat, und die Rassismus oder Sexismus schlicht inakzeptabel und lächerlich gemacht hat, so dass es noch nicht einmal nötig ist, gegen Rassismus beispielsweise zu argumentieren, weil jeder, der offen Rassismus verteidigt, augenblicklich als verrückter Exzentriker wahrgenommen wird, den man nicht ernst nehmen kann. Dann aber werden diese Axiome *de facto* Schritt für Schritt, obwohl die Gesellschaft nach wie vor ihr Lippenbekenntnis zu ihnen ablegt, ihrer Substanz beraubt. Hier ein Beispiel aus der aktuellen europäischen Geschichte: Im Sommer 2012 sagte Viktor Orbán, der rechte ungarische Premierminister, dass in Zentraleuropa ein neues Wirtschaftssystem errichtet werden muss

> und hoffen wir, dass Gott uns dabei helfen wird und wir nicht eine neue Art von politischem System anstelle der Demokratie erfinden müssen, das für das Wohl des wirtschaftlichen Überlebens eingeführt werden müsste (...) Kooperation ist eine Frage des Zwangs, nicht der Absichten. Vielleicht gibt es Länder, in denen die Dinge nicht auf diese Art und Weise funktionieren, beispielsweise in den skandinavischen Ländern, aber ein solch halb-asiatisches zusammengewürfeltes Volk, wie wir es sind, kann sich nur einen, wenn es Zwang gibt.[1]

Die Ironie dieser Zeilen blieb einigen alten ungarischen Dissidenten nicht verborgen: Als die Sowjetarmee in Budapest einmarschierte, um die antikommunistischen Aufstände von 1956 niederzuschlagen, lautete die Nachricht, die die belagerten ungarischen Führer in den Westen sandten: »Wir verteidigen hier Europa!« (gegen den asiatischen Kommunismus, selbstverständlich). Nun, nachdem der Kommunismus zusammengebrochen ist, malt die christlich-konservative Regierung als ihren Hauptfeind die multikulturelle liberale Konsumdemokratie aus, für die das heutige westliche Europa steht, und ruft zu einer neuen, organischeren kommunitären Ordnung auf, die die »turbulente« liberale Demokratie der letzten zwei Jahrzehnte ersetzen soll. In derselben Weise, in der die Faschisten über die »plutokratisch-bolschewistische Verschwörung« sprachen, werden (Ex)Kommunisten und liberale »bourgeoise« Demokraten als zwei Gesichter desselben Feindes wahrgenommen. Es verwundert daher nicht, dass Orbán und seine Verbündeten wiederholt ihre Sympathie für den chinesischen »Kapitalismus mit asiatischen Werten« geäußert haben und den »asiatischen« Autoritarismus als Lösung gegen die exkommunistische Bedrohung sehen – wenn also Orbáns Regierung sich selbst exzessivem Druck aus der Europäischen Union ausgesetzt sieht, können wir uns bestens vorstellen, wie er eine Nachricht nach China sendet: »Wir verteidigen hier Asien!«

Der Fall Ungarn ist jedenfalls nur ein kleinerer Zwischenfall im globalen Prozess des Ungeschehenmachens eines Ereignisses, das die Grundlagen unserer emanzipatorischen Errungenschaften bedroht. Nehmen wir ein Beispiel von der anderen Seite unserer westlichen Welt. In einem Brief an die *Los Angeles Times* rechtfertigte die Regisseurin Kathryn Bigelow den wahrheitsgetreuen Blick ihres Films *Zero Dark Thirty* auf die Foltermethoden von Agenten der US-Regierung, um Osama bin Laden zu finden und zu töten: »Diejenigen von uns, die in der Kunst arbeiten, wissen, dass Abbildung keine Billigung beinhaltet. Wenn es so wäre, könnte kein Künstler je unmenschliche Praktiken zeigen, kein Autor könnte über sie schreiben, und kein Regisseur könnte die schwierigen Themen unserer Zeit erforschen.«[2] Ist das so? Ohne wie ein abstrakter moralistischer Idealist handeln zu wollen und in vollem Bewusstsein der unvorhersehbaren Zwänge, die in der Bekämpfung terroristischer Angriffe entstehen können, sollten wir nicht wenigstens anmerken, dass die Folter eines Menschen in sich selbst etwas zutiefst Erschütterndes ist und dass die neutrale Abbildung – d. h. die Neutralisierung genau dieser erschütternden Dimension – bereits eine Art von Billigung *ist*?

Genauer noch liegt der Haken in der Frage, *wie* Folter abgebildet wird. Da das Thema derart sensibel ist, ist jede Form von tatsächlicher Neutralität eine Fälschung; eine bestimmte Haltung gegenüber dem Thema ist immer erkennbar. Stellen wir uns einen Dokumentarfilm über den Holocaust vor, der ihn in kühler, desinteressierter Weise als eine riesige industriell-logistische Operation zeigte, die technischen Probleme (Transport, Lagerung der Leichen, Vermeidung der Panik unter den Gefangenen, die vergast werden sollen etc.) – ein solcher Film würde entweder eine perverse und zutiefst unmoralische Faszination von seinem Thema verkörpern, oder er würde sich auf genau diese obszöne Moralität seines Stils verlassen, um Entsetzen und Horror in seinen Zuschauern hervorzurufen. Wo befindet sich Bigelow hier? Definitiv und ohne den Hauch eines Zweifels auf der Seite der Normalisierung von Folter. Als Maya, die Heldin des Films, zum ersten Mal einem Waterboarding beiwohnt, ist sie leicht schockiert, aber sie lernt das Spiel schnell – später im Film erpresst sie kühl einen hochrangigen arabischen Gefangenen: »Wenn du nicht mit uns sprichst, liefern wir dich nach Israel aus.« Ihr Fanatismus bei der Verfolgung Bin Ladens hilft dabei, alle gewöhnlichen moralischen Bedenken zu neutralisieren. Noch ominöser ist ihr Partner, der junge bärtige CIA-Agent, der perfekt die Kunst beherrscht, heuchlerisch von der Folter zur Freundlichkeit überzugehen, nachdem das Opfer gebrochen wurde (indem er seine Zigarette anzündet und Witze erzählt). Es liegt etwas äußerst Verstörendes darin, wie er später im Film fließend vom bärtigen Folterer in Jeans zum gutgekleideten Washingtoner Bürokraten wird. Dies ist Normalisierung in ihrer reinsten und wirksamsten Form – ein wenig Unwohlsein, mehr in Bezug auf verletzte Sensibilität als in Bezug auf Ethik, aber der Job muss erledigt werden. Dieses Bewusstsein der verletzten Sensibilität als (hauptsächlicher) menschlicher Preis der Folter stellt sicher, dass der Film nicht einfach billige rechte Propaganda ist: Die psychologische Komplexität wird genau abgebildet, so dass wohlmeinende Liberale den Film ohne Schuldgefühle genießen können. Aus diesem Grund ist *Zero Dark Thirty* so viel schlimmer als *24*, wo Jack Bauer am Ende der Serie wenigstens zusammenbricht.[3]

Die Debatte um die Frage, ob das Waterboarding Folter ist oder nicht, sollte als offensichtlicher Unsinn fallengelassen werden: Warum, wenn es keinen Schmerz und keine Todesängste zufügt, bringt Waterboarding abgehärtete Terrorismusverdächtige zum Sprechen? Was das Ersetzen des Wortes »Folter« durch »erweiterte Verhörmethode« betrifft, sollte man erkennen, dass wir es hier mit einer Ausweitung der Logik der politischen Korrektheit zu tun haben: In derselben Weise, in der ein »Behinderter« ein »physisch Herausgeforderter« wird, wird aus »Folter« »erweiterte Verhörmethode« (und vermutlich könnte »Vergewaltigung« zu »erweiterter Verführungsmethode« werden). Der springende Punkt ist, dass Folter – brutale Gewalt, die vom Staat angewandt wird – in genau dem Moment öffentlich akzeptabel gemacht wurde, in dem die öffentliche Sprache politisch korrekt wurde, um Opfer vor der symbolischen Gewalt von Etiketten zu schützen. Diese beiden Phänomene sind zwei Seiten derselben Medaille.

Die obszönste Verteidigung des Films ist die Behauptung, dass Bigelow billiges Moralisieren zurückweist und souverän die Realität der Terrorismusbekämpfung zeigt, dabei schwierige Fragen aufwirft und uns so dazu aufruft zu denken (außerdem, so fügen einige Kritiker hinzu, »dekonstruiert« sie Weiblichkeitsklischees – Maya zeigt keinerlei sexuelle Interessen oder Sentimentalität; sie ist zäh und stürzt sich genau wie ein Mann in ihre Aufgabe). Unsere Antwort sollte lauten, dass man angesichts eines Themas wie Folter gerade nicht »denken« sollte. Eine Parallele mit dem Thema Vergewaltigung drängt sich hier auf: Was würden wir über einen Film denken, der eine brutale Vergewaltigung in derselben neutralen Weise zeigt und fordert, dass man billiges Moralisieren vermeiden und über Vergewaltigung in all ihrer Komplexität nachdenken sollte? Unser Bauchgefühl sagt uns, dass hier etwas fürchterlich falsch ist. Ich möchte in einer Gesellschaft leben, in der Vergewaltigung schlicht als inakzeptabel betrachtet wird, so dass jeder, der dafür argumentiert, als ein exzentrischer Idiot erscheint, nicht in einer Gesellschaft, in der man dagegen argumentieren muss – und dasselbe gilt für Folter: Ein Zeichen für den ethischen Fortschritt ist die Tatsache, dass Folter »dogmatisch« als abstoßend zurückgewiesen wird, ohne jede Notwendigkeit weiterer Diskussionen.

Wie verhält es sich mit dem »realistischen« Argument: Folter hat es immer gegeben, und sogar noch stärker in der (jüngeren) Vergangenheit, ist es nicht also besser, darüber wenigstens öffentlich zu sprechen? Dies ist genau das Problem: Wenn Folter immer vorgekommen ist, *warum erzählen uns diejenigen, die die Macht haben, jetzt offen davon?* Es kann nur eine Antwort darauf geben: um sie zu normalisieren, d. h. um unsere ethischen Standards zu senken. Folter rettet Leben? Möglich, aber sie verdirbt mit Sicherheit Seelen – und ihre obszönste Rechtfertigung ist, zu behaupten, dass ein wahrer Held bereit sei, seine Seele zu opfern, um das Leben seiner Landsleute zu retten. Die Normalisierung von Folter in *Zero Dark Thirty* ist ein Zeichen für das moralische Vakuum, dem wir uns allmählich nähern. Sollte es irgendeinen Zweifel daran geben, sollten wir nur einmal versuchen, uns eine größere Hollywood-Produktion von vor 20 oder 30 Jahren vorzustellen, die Folter in einer ähnlichen Weise behandelt – es ist undenkbar.

Kommen wir nun zu unserem dritten und viel brutaleren Fall, der uns mit dem konfrontiert, was selbst heute undenkbar ist: dem Dokumentarfilm *The Act of Killing* (Final Cut Film Productions, Kopenhagen) von Joshua Oppenheimer und Christine Cynn, der seine Premiere 2012 auf dem Telluride Filmfestival feierte. *The Act of Killing* liefert einen einzigartigen und zutiefst verstörenden Einblick in die ethische Sackgasse des globalen Kapitalismus. Der Dokumentarfilm – gedreht 2007 in Medan, Indonesien – berichtet über einen Fall von äußerster Obszönität: einen Film, der von Anwar Congo und seinen Freunden gedreht wurde, von denen einige inzwischen respektierte Politiker sind, die aber Verbrecher und Anführer von Todesschwadronen waren und eine Schlüsselrolle bei der Ermordung von etwa 2,5 Millionen mutmaßlichen kommunistischen Sympathisanten spielten, die meisten von ihnen ethnische Chinesen, in den Jahren 1965–1966. *The Act of Killing* handelt von »Mördern, die gewonnen haben, und die Art von Gesellschaft, die sie errichtet haben«. Nach ihrem Sieg wurden ihre schrecklichen Taten nicht als »schmutziges Geheimnis« behandelt, als Gründungsverbrechen, dessen Spuren verwischt werden sollten – im Gegenteil, sie prahlen offen mit den Details ihrer Massaker (die richtige Art, ein Opfer mit einem Draht zu erdrosseln, eine Kehle zu durchschneiden, eine Frau auf höchst lustvolle Weise zu vergewaltigen). Im Oktober 2007 produzierte das indonesische Staatsfernsehen eine Talkshow, in der Anwar und seine Freunde gefeiert wurden; mitten in der Show, nachdem Anwar erzählt hat, dass ihre Tötungen von Gangsterfilmen inspiriert waren, dreht sich die strahlende Moderatorin zur Kamera und sagt: »Unglaublich! Ein Applaus für Anwar Congo und seine Freunde!« Als sie Anwar fragt, ob er die Rache der Angehörigen der Opfer fürchtet, antwortet er: »Sie können nicht. Wenn sie ihre Köpfe erheben, werden wir sie auslöschen!« Und sein Kumpan fügt hinzu: »Wir werden sie alle ausrotten!«, und das Publikum explodiert in überschwängliches Jubeln. Man muss es sehen, um es zu glauben.

Was aber *The Act of Killing* außerordentlich macht, ist, dass der Film hier noch einen Schritt weitergeht und die Frage stellt: »Was hatten die Mörder *im Sinn, als sie Menschen umbrachten?*«[4], d. h. welchen schützenden Schirm verwendeten sie, um sich blind zu machen gegenüber dem Grauen dessen, was sie taten? Die Antwort lautet, dass dieser schützende Schirm, der eine tiefere moralische Krise verhinderte, der filmische Schirm war: Sie erlebten ihre Handlungen als Aufführung ihrer filmischen Vorbilder, die sie dazu befähigten, die Realität selbst als Fiktion wahrzunehmen – als große Bewunderer Hollywoods (sie begannen ihre Karrieren als Organisatoren und Kontrolleure des Schwarzmarkts im Handeln von Kinotickets) spielten sie eine Rolle in ihren Massakern und imitierten einen Hollywood-Gangster, einen Cowboy oder selbst einen Musical-Tänzer.

Es gibt einen sympathischen Witz über Jesus: Um sich nach seiner harten Arbeit des Predigens und Wundervollbringens zu entspannen, beschloss Jesus, eine kurze Pause am Ufer des Galiläa-Sees einzulegen. Während eines Golfspiels mit seinen Jüngern musste er einen schwierigen Schlag ausführen; er verschlug ihn, und der Ball landete im Wasser, so dass er seinen üblichen Trick anwandte und über das Wasser bis zu der Stelle lief, an der sich der Ball befand, sich hinunterbeugte und ihn aufhob. Als Jesus denselben Schlag noch einmal versuchen wollte, sagte ihm der Apostel, dass es ein schwieriger Schlag sei – nur jemand wie Tiger Woods könne ihn vollführen. Jesus antwortete: »Was zum Teufel, ich bin Gottes Sohn, was Tiger Woods kann, kann ich auch!« und schlug noch einmal. Der Ball landete wieder im Wasser, und Jesus lief wieder darüber, um ihn zurückzuholen. In diesem Moment kam eine Gruppe amerikanischer Touristen vorbei, und einer von ihnen, der das Geschehen beobachtete, drehte sich zum Apostel und sagte: »Mein Gott, wer ist dieser Typ da? Denkt er, er sei Jesus?« Der Apostel antwortete: »Nein, der Depp denkt, er sei Tiger Woods.« So funktioniert phantasmatische Identifikation: Niemand, nicht einmal Gott selbst, ist in direkter Weise das, was er ist; jeder braucht einen äußeren, dezentrierten Identifikationspunkt. Und wir können uns diese Szene mit einem amerikanischen Journalisten vorstellen, der Anwar beim Foltern eines mutmaßlichen Kommunisten beobachtet: Der Journalist fragt Anwars Freund, der daneben steht: »Wer ist dieser Typ da? Denkt er, er sei ein Instrument von Gottes Gerechtigkeit?«, und der Freund antwortet: »Nein, er denkt, er sei Humphrey Bogart.«

Hier begegnen wir dem moralischen Vakuum der Gesellschaft in seiner brutalsten Form: Aus welcher Art von symbolischer Textur (der Satz Regeln, der die Grenze zwischen dem zieht, was öffentlich erlaubt ist, und dem, was nicht erlaubt ist) muss eine Gesellschaft zusammengesetzt sein, wenn selbst die geringste Stufe von öffentlicher Schande (die die Täter dazu zwingen würde, ihre Taten als »schmutziges Geheimnis« zu behandeln) außer Kraft gesetzt ist und eine monströse Orgie von Folter und Mord Jahrzehnte, nachdem sie stattgefunden hat, öffentlich noch nicht einmal als außergewöhnliches, notwendiges Verbrechen, sondern als gewöhnliche, akzeptable und vergnügliche Handlung gefeiert wird? Die Falle, die man hier umgehen muss, ist natürlich die bequeme, indem man die Schuld entweder direkt Hollywood oder der »ethischen Primitivität« Indonesiens zuweist. Der Ausgangspunkt sollten eher die entwurzelnden Effekte der kapitalistischen Globalisierung sein, die durch das Aushöhlen der »symbolischen Effizienz« traditioneller ethischer Strukturen solch ein moralisches Vakuum schafft.[5]

Bedeutet dies, dass wir durch die graduelle Auflösung unserer ethischen Substanz einfach zu unserem individualistischen Egoismus zurückkehren? Die Dinge sind weitaus komplexer. Wir hören oft, dass unsere ökologische Krise das Ergebnis eines kurzfristigen Egoismus sei: Besessen vom unmittelbaren Vergnügen und Wohlstand, vergessen wir das Allgemeinwohl. Hier allerdings wird Walter Benjamins Begriff des Kapitalismus als Religion entscheidend: Ein wahrer Kapitalist ist kein hedonistischer Egoist; er gibt sich, im Gegenteil, fanatisch der Aufgabe hin, seinen Reichtum zu mehren und ist bereit, seine Gesundheit und seinen Frohsinn zu opfern, nicht zu sprechen vom Wohlstand seiner Familie und dem Wohlergehen der Umwelt. Es ist folglich nicht nötig, eine intellektuelle Moralität wachzurufen und über kapitalistischen Egoismus herzuziehen – gegenüber der pervertierten fanatischen Hingabe des Kapitalisten genügt es, ein gutes Maß an einfachen egoistischen und utilitaristischen Sorgen zu beschwören. In anderen Worten, das Streben nach dem, was Rousseau die natürliche *amour-de-soi* (Selbstliebe) nannte, erfordert eine kultivierte Bewusstseinsebene.

Der hedonistische Egoismus, der vermeintlich unsere Gesellschaften durchdringt, ist demzufolge keine Tatsache, sondern unsere gesellschaftliche Ideologie – die Ideologie, die von Hegel in der *Phänomenologie des Geistes* am Ende des Kapitels über die Vernunft unter dem Namen »das geistige Tierreich« artikuliert wird, Hegels Name für die moderne Zivilgesellschaft, in der die Menschen in eigeninteressierter Interaktion gefangen sind. Wie Hegel formulierte, ist die Leistung der Moderne »das Prinzip der Subjektivität sich zum selbständigen Extreme der persönlichen Besonderheit vollenden zu lassen.«[6] Dieses Prinzip ermöglicht die Zivilgesellschaft als denjenigen Bereich, in dem autonome menschliche Individuen sich durch Institutionen der freien Marktwirtschaft zusammenschließen, um ihre privaten Bedürfnisse zu befriedigen: Alle gemeinschaftlichen Ziele sind den privaten Interessen der Individuen unterworfen; sie sind bewusst gegründet und kalkuliert mit dem Ziel der Maximierung dieser Interessen. Was für Hegel hier wichtig ist, ist der Gegensatz zwischen privat und gemeinschaftlich, wie es diejenigen fassen, auf die sich Hegel verlässt (Mandeville, Adam Smith), so wie auch Marx: Individuen erleben die gemeinschaftliche Sphäre als etwas, das ihren privaten Interessen dienen sollte (wie ein Liberaler, für den der Staat als Beschützer der privaten Freiheit und Sicherheit gilt), während sie, indem sie ihre engen Ziele verfolgen, tatsächlich dem gemeinschaftlichen Interesse dienen. Die spezifisch dialektische Spannung entsteht hier, wenn wir uns bewusst werden, dass je egoistischer die Individuen handeln, sie desto mehr zum Gemeinwohl beitragen.

Das Paradoxe ist, dass, wenn die Individuen ihre engen privaten Interessen opfern und direkt für das Gemeinwohl arbeiten wollen, das Gemeinwohl darunter leidet – Hegel erzählt gerne historische Anekdoten über einen guten König oder Prinzen, dessen Aufopferung für das Gemeinwohl das Land in den Ruin treibt. Die eigentliche philosophische Neuerung Hegels war es, diesen »Widerspruch« auf der Spannungslinie zwischen dem »Animalischen« und dem »Geistigen« weiter zu bestimmen: Die universelle spirituelle Substanz, die »Arbeit aller und eines jeden«, entsteht als Ergebnis der »mechanischen« Interaktion zwischen Individuen. Dies bedeutet, dass eben die »Animalität« des eigeninteressierten »menschlichen Tieres« (das Individuum, das am komplexen Netzwerk der Zivilgesellschaft teilhat) das Ergebnis des langen historischen Prozesses der Transformation der mittelalterlichen hierarchischen Gesellschaft in eine moderne bürgerliche Gesellschaft ist. Es ist folglich genau die Erfüllung des Subjektivitätsprinzips – das radikale Gegenteil der Animalität –, die die Umkehrung der Subjektivität in Animalität mit sich bringt.

Spuren dieses Wechsels kann man heutzutage überall finden, vor allem in den sich schnell entwickelnden asiatischen Ländern, wo der Kapitalismus einen äußerst brutalen Einfluss ausübt. Bertolt Brechts »Die Ausnahme und die Regel« (ein Lehrstück, das 1929–30 geschrieben wurde, um es in Fabriken und Schulen aufzuführen) erzählt die Geschichte eines reichen Händlers, der mit seinem Träger

(»Kuli«) die Yahi-Wüste durchquert (einer von Brechts fiktiven chinesischen Orten), um einen Ölhandel abzuschließen. Als die beiden sich in der Wüste verlaufen und ihre Wasservorräte zur Neige gehen, erschießt der Händler versehentlich den Kuli, weil er denkt, er werde attackiert, während der Kuli ihm in Wirklichkeit Wasser anbieten wollte, das er noch in seiner Flasche hatte. Später, vor Gericht, wird der Händler freigesprochen: Der Richter urteilt, dass der Händler jedes Recht hatte, eine potentielle Bedrohung in dem Kuli zu sehen, weshalb es gerechtfertigt war, diesen in Selbstverteidigung zu erschießen, unabhängig davon, ob es eine tatsächliche Bedrohung gegeben hat. Da der Händler und sein Kuli zu unterschiedlichen Klassen gehören, hatte der Händler allen Grund, Hass und Aggression seitens des Kulis zu erwarten: Dies ist die typische Situation, die Regel, die Freundlichkeit des Kulis hingegen die Ausnahme. Ist diese Geschichte also einfach eine weitere von Brechts marxistischen Vereinfachungen? Keineswegs, wie man aus diesem Bericht aus dem heutigen wirklichen China ersehen kann:

In Nanjing stürzte vor etwa fünf Jahren eine ältere Frau, während sie in den Bus steigen wollte. Die Zeitungsberichte besagten, die 65jährige Frau habe ihre Hüfte gebrochen. Am Unfallort erschien ein junger Mann, der ihr zu Hilfe eilte, nennen wir ihn Peng Yu, was seinem tatsächlichen Namen entspricht. Peng Yu gab der älteren Frau 200 RMB (zu dieser Zeit genug, um 300 Bustickets zu kaufen) und brachte sie ins Krankenhaus. Dann blieb er solange bei ihr, bis ihre Familie kam. Die Familie verklagte ihn auf 136,419 RMB. Tatsächlich befand das Nanjinger Landgericht den jungen Mann für schuldig und verurteilte ihn zu 45,876 RMB. Das Gericht begründete »auf der Grundlage des gesunden Menschenverstands«, dass Peng Yu zuerst den Bus bestiegen hatte und damit aller Wahrscheinlichkeit nach die ältere Frau umgestoßen hatte. Außerdem hatte er seine Schuld eigentlich zugegeben, so begründete das Gericht, indem er bei der Frau im Krankenhaus geblieben war. Eine normale Person würde nicht so freundlich sein, wie Peng Yu zu sein vorgab.[7]

Ist dieser Vorfall nicht eine exakte Parallele zu Brechts Geschichte? Peng Yu half der alten Frau aus einfachem Mitleid oder aus Anstand, aber da eine solche Freundlichkeitsäußerung nicht »typisch«, nicht die Regel ist (»eine normale Person wäre nicht so freundlich wie Peng Yu zu sein vorgab«), wurde es vom Gericht als Beweis für Peng Yus Schuld gewertet, und er wurde angemessen bestraft. Ist dies eine lächerliche Ausnahme? Ganz und gar nicht, dem *People's Daily* (der Regierungszeitung) zufolge, das in einer Online-Umfrage eine große Anzahl junger Menschen befragt hatte, was sie tun würden, wenn sie eine ältere Person sehen, die gestürzt ist: »87 % der jungen Menschen würden nicht helfen. Peng Yus Geschichte spiegelt die Überwachung des öffentlichen Raumes wider. Die Menschen würden nur dann helfen, wenn eine Kamera anwesend ist.« Ein solches Widerstreben zu helfen signalisiert, dass es eine Veränderung im Status des öffentlichen Raumes gibt: »Die Straße ist ein zutiefst privater Ort, und anscheinend ergeben die Worte ›öffentlich‹ und ›privat‹ keinen Sinn.« Kurz, sich an einem öffentlichen Ort aufzuhalten, bringt nicht nur mit sich, mit anderen, unbekannten Menschen zusammen zu sein – wenn ich mich unter ihnen bewege, bin ich immer noch in meinem privaten Raum, interagiere nicht mit ihnen und erkenne sie nicht. Um als öffentlich zu gelten, muss der Raum meiner Koexistenz und Interaktion mit anderen (oder deren Mangel) durch Sicherheitskameras abgedeckt sein.

Ein weiteres Zeichen für diese Veränderung zeigt sich am entgegengesetzten Ende, Menschen beim Sterben zu-zusehen und nichts zu unternehmen – und einem neuen Trend zu öffentlichem Sex in Hardcore-Pornos. Es gibt im-mer mehr Filme, die ein Paar (oder mehr Personen) zeigen, die in erotische Spiele versunken sind, bis zur regelrech-ten Kopulation, an einem öffentlichen Ort (einem Strand, in einem Zug, einem Bus oder einem Bahnhof oder dem offenen Raum eines Einkaufszentrums), wobei das inter-essante Merkmal dabei ist, dass die Mehrzahl der Personen, die vorübergehen, die Szene ignorieren (oder so tun als ob) – eine Minderheit wirft einen diskreten Blick auf das Paar und noch weniger machen eine sarkastische obszöne Bemerkung. Auch hier ist es, als ob das kopulierende Paar in seinem Privatraum bliebe, so dass wir uns um ihre In-timitäten nicht scheren sollten.

Dies führt uns zurück zu Hegels »geistigem Tierreich« – und der Frage: Wer handelt in dieser Weise und geht an Sterbenden vorbei in seliger Ignoranz oder kopuliert vor anderen? Tiere natürlich. Diese Tatsache bringt keinesfalls die lächerliche Schlussfolgerung mit sich, dass wir irgend-wie zu einer tierischen Stufe »zurückkehren«. Die Anima-lität, mit der wir es hier zu tun haben – der gnadenlose Egoismus –, ist das paradoxe Ergebnis des komplexesten Netzwerks sozialer Beziehungen (Markttausch, soziale Ver-mittlung von Produktion), und die Tatsache, dass Individu-en selbst blind für dieses komplexe Netzwerk sind, deutet auf ihren idealen (»geistigen«) Charakter hin: In einer vom Markt strukturierten Zivilgesellschaft, regiert die Abstrak-tion stärker als je in der Geschichte der Menschheit.

Es heißt oft, dass heute, mit unserem vollständigen medialen Ausgesetztsein, der Kultur der öffentlichen Beichte und den Instrumenten der digitalen Kontrolle, der private Raum verschwinde. Man sollte diesen Gemeinplatz kontern mit der gegenteiligen Behauptung: Es ist der eigentliche öffentliche Raum, der verschwindet. Die Person, die im Netz ihre Nacktbilder oder intime Details und obszöne Träume ausstellt, ist kein Exhibitionist: Exhibitionisten dringen in die öffentliche Sphäre ein, während diejenigen, die ihre Nacktbilder im Netz zeigen, im privaten Raum verweilen und diesen einfach ausdehnen, um andere mit einzubeziehen. Und, zurück zu *The Act of Killing*, dasselbe gilt für Anwar und seine Kollegen: Sie privatisieren den öffentlichen Raum in einem Sinne, der viel bedrohlicher ist als die ökonomische Privatisierung. Eine solche Privatisierung ist ein exemplarischer Fall dafür, wie in unseren Gesellschaften das emanzipatorische Ereignis der Moderne allmählich rückgängig gemacht wird.

Endstation – Nota bene!

Wie stehen die Chancen für ein wahres politisches Ereignis in diesen deprimierenden Zeiten, in denen der vorherrschende Prozess davon bestimmt ist, vergangene Ereignisse rückgängig zu machen? Wir sollten uns zunächst daran erinnern, dass ein Ereignis ein radikaler Wendepunkt ist, der in seiner wahren Dimension unsichtbar ist – um den französischen Philosophen Maurice Blanchot zu zitieren: »Frage: Gestehen Sie die Tatsache zu, dass wir uns an einem Wendepunkt befinden? Antwort: Wenn es eine Tatsache ist, ist es kein Wendepunkt.«[1] In einem Ereignis ändern sich die Dinge nicht nur: Was sich ändert, ist eben jener Parameter, an dem wir die Tatsachen der Veränderung messen, d. h. ein Wendepunkt verändert das gesamte Feld, innerhalb dessen Tatsachen erscheinen. Dies im Hinterkopf zu behalten, ist entscheidend in den heutigen Zeiten, in denen sich alles ständig verändert in einem nie da gewesenen hektischen Tempo. Jedenfalls ist es unter all diesen konstanten Veränderungen nicht schwer, eine fade Gleichheit festzustellen, als ob sich die Dinge verändern, damit alles gleich bleiben kann – oder, wie es das alte französische Sprichwort formuliert: *plus ça change, plus c'est la même chose.* Im Kapitalismus, wo sich die Dinge ständig ändern, um gleich zu bleiben, würde das wahre Ereignis darin bestehen, das Prinzip der Veränderung selbst zu verändern. Ein solcher Begriff von Ereignis, das nicht auf eine einfache Veränderung zu reduzieren ist, wurde jüngst von Alain Badiou entwickelt: eine Kontingenz (zufälliges Zusammentreffen oder Geschehnis), die sich in Notwendigkeit verwandelt,[2] d.h. sie erzeugt ein neues universelles Prinzip, das Treue und harte Arbeit für die neue Ordnung verlangt. Eine erotische Begegnung ist das Ereignis der Liebe, wenn es die Leben der Liebenden vollständig verändert und sie um die Konstruktion eines geteilten Lebens als Paar herum organisiert. In der Politik ist ein kontingenter Aufruhr (eine Revolte) ein Ereignis, wenn es ein Engagement des kollektiven Subjekts für ein neues universelles emanzipatorisches Projekt erzeugt und damit die geduldige Arbeit, die Gesellschaft neu zu strukturieren, in Gang setzt.

Können wir uns noch ein solches Ereignis vorstellen, nun da die Linke mit dem neuen Jahrtausend in eine Periode tiefer Krise eingetreten ist? In den Jahren des prosperierenden Kapitalismus war es für die Linke einfach, Kassandra zu spielen und davor zu warnen, dass die Prosperität sich auf Illusionen gründete, und kommende Katastrophen zu prophezeien. Jetzt sind der ökonomische Abschwung und die soziale Auflösung da, auf die die Linke gewartet hat, und Proteste und Revolten tauchen überall um den Globus herum auf. Was aber auffallend abwesend ist, ist irgendeine konsistente linke Antwort auf diese Ereignisse, irgendein Projekt, wie die Inseln chaotischen Widerstands in ein positives Programm sozialen Wandels überführt werden können. Die heute allenthalben in Europa explodierende Wut

ist ohnmächtig und folgenlos, da Bewusstsein und koordinierte Handlung sich jenseits der Reichweite der gegenwärtigen Gesellschaft zu befinden scheinen. Schauen Sie sich die europäische Krise an. Nie in unserem Leben haben wir einer Situation gegenübergestanden, die so voller revolutionärer Chancen steckt. Nie in unserem Leben sind wir so ohnmächtig gewesen. Nie sind Intellektuelle und Politiker so stumm gewesen, so unfähig einen Weg zu finden, der eine neue mögliche Richtung zeigen könnte.[3]

In den letzten beiden Jahren haben wir folglich in einer andauernden vorereignishaften Situation gelebt, in der eine unsichtbare Barriere wieder und wieder die Entstehung eines wirklichen Ereignisses zu verhindern schien, das Auftauchen von etwas Neuem. Einer der Gründe für diese unsichtbare Barriere ist der jüngste ideologische Triumph des Kapitalismus: Jeder Arbeiter wird sein eigener Kapitalist, der »Unternehmer-seiner-selbst«, der entscheidet, wie viel er in seine zukünftige Bildung, Gesundheit und so weiter investieren wird und für diese Investitionen bezahlt, indem er sich verschuldet. Das Recht auf Bildung, Gesundheitsversorgung, Wohnen etc. wird somit eine freie Entscheidung, zu investieren, die sich formal auf derselben Ebene befindet wie die Entscheidung eines Bankers oder Kapitalisten, in dieses oder jenes Unternehmen zu investieren, so dass, auf formaler Ebene, jeder ein Kapitalist ist, der sich verschuldet, um investieren zu können.[4] Wir sind damit einen Schritt weiter in der formalen Gleichheit zwischen dem Kapitalisten und dem Arbeiter in den Augen des Gesetzes – beide sind nun kapitalistische Investoren. Dieselbe Differenz in der »Physiognomie unserer dramatis personae«, die Marx zufolge in Erscheinung tritt, nachdem der Austausch zwischen Arbeit und Kapital abgeschlossen ist, taucht hier wieder zwischen dem eigentlichen kapitalistischen Investor und dem Arbeiter auf, der aufgerufen ist, als »Unternehmer-seiner-selbst« zu handeln: »der eine bedeutungsvoll schmunzelnd und geschäftseifrig, der andre scheu, widerstrebsam, wie jemand, der seine eigne Haut zu Markt getragen und nun nichts andres zu erwarten hat als die – Gerberei.«[5] Und er tut gut daran, scheu zu bleiben – die Wahlfreiheit, die ihm auferlegt wird, ist eine falsche, sie ist schlicht die Form seiner Knechtschaft.

In welcher Beziehung steht der heutige Aufstieg des verschuldeten Mannes, der den Bedingungen des globalen Kapitalismus eigentümlich ist, zum Verhältnis von Schuldner/Gläubiger als universeller anthropologischer Konstante, wie sie Nietzsche formuliert? Es ist das Paradox der direkten Realisierung, die sich in ihr Gegenteil verwandelt. Der heutige globale Kapitalismus treibt das Verhältnis von Schuldner und Gläubiger auf die Spitze und unterläuft es zugleich. Wir betreten folglich das Gebiet des Obszönen: Wenn ein Kredit gewährt wird, wird vom Schuldner nicht einmal erwartet, dass er ihn zurückbezahlt – die Schuld wird direkt als Mittel der Kontrolle und der Beherrschung eingesetzt. Nehmen wir den derzeitigen Druck, den die EU auf Griechenland ausübt, um Sparmaßnahmen durchzusetzen – dieser Druck passt perfekt zu dem, was die Psychoanalyse »Über-Ich« nennt. Das Über-Ich ist kein eigentlich ethischer Akteur, sondern ein sadistischer, der das Subjekt mit unmöglichen Forderungen überzieht und sich obszön an seinem Versagen erfreut, diese zu erfüllen; das Paradox des Über-Ichs liegt, wie Freud klar gesehen hat, darin, dass wir uns desto schuldiger fühlen, je mehr wir seinen Befehlen zu gehorchen versuchen.[6] Stellen wir uns einen boshaften Lehrer vor, der seinen Schülern unmögliche Aufgaben erteilt und sich dann sadistisch daran erfreut, wenn er ihre Angst und Panik sieht. Dies ist es, was an den EU-Forderungen/Befehlen so furchtbar falsch ist: Sie geben

Griechenland keine Chance; das Versagen Griechenlands ist Teil des Spiels. Das Ziel politisch-ökonomischer Analyse besteht hier darin, Strategien zu entwickeln, die aus dem höllischen Zirkel von Schuld und Schulden herausführen.

Ein ähnliches Paradox war natürlich von Beginn an wirksam, denn eine Versprechung/Verpflichtung, die nie vollständig erfüllt werden kann, liegt im Grund des Bankensystems selbst. Wenn jemand Geld auf die Bank legt, verpflichtet sich die Bank, das Geld jederzeit zurückzugeben – aber wir wissen alle, dass die Bank dies zwar für einige der Menschen tun kann, die ihr Geld dort deponieren, aber nicht für alle. Dieses Paradox jedenfalls, das ursprünglich für die Beziehung zwischen Individuen galt, die Geld deponieren, und ihrer Bank, gilt jetzt für die Beziehung zwischen der Bank und (legalen oder physischen) Personen, die Geld von ihr leihen. Dies impliziert, dass das wahre Ziel, dem Schuldner Geld zu leihen, nicht darin besteht, die Schulden mit Profit zurückbezahlt zu bekommen, sondern die unbefristete Fortsetzung der Schulden, was den Schuldner in dauerhafter Abhängigkeit und Unterwerfung hält. Vor etwa einem Jahrzehnt entschied Argentinien, seine Schulden an den Internationalen Währungsfonds (IWF) vorzeitig zurückzubezahlen (mit finanzieller Unterstützung durch Venezuela), und die Reaktion des IWF war erstaunlich: Anstatt glücklich zu sein, dass er sein Geld zurück hatte, brachte der IWF seine Besorgnis zum Ausdruck, dass Argentinien seine Freiheit und finanzielle Unabhängigkeit von den internationalen Finanzinstitutionen benutzen würde, um die strenge Sparpolitik zu verlassen und sich der Verschwendung hinzugeben. Dieses Unwohlsein machte die wahren Einsätze des Verhältnisses zwischen Schuldner und Gläubiger spürbar: Schulden sind ein Instrument, um den Schuldner zu kontrollieren und zu regulieren, und als solches strebt es nach seiner eigenen expandierten Reproduktion.

Zurück zu unserem Ausgangspunkt: Wie kann ein Ereignis uns aus dieser Situation der Schwäche herausholen? Vielleicht sollten wir damit beginnen, dass wir tatsächlich auf den Mythos eines Großen Erwachens verzichten – den Augenblick, in dem, wenn schon nicht die alte Arbeiterklasse, dann eine neue Allianz der Besitzlosen, der Massen oder was auch immer ihre Kräfte vereinen und einen entschiedenen Eingriff bewerkstelligen werden. Wir sollten hier zu Hegel zurückkehren: Ein dialektischer Prozess beginnt mit einer bejahenden Idee, auf die er hinstrebt. Im Verlauf dieses Strebens *macht die Idee selbst eine tiefgreifende Veränderung durch* (nicht nur eine taktische Anpassung, sondern eine wesentliche Neudefinition), weil die Idee selbst in diesem Prozess überholt wird, (über)determiniert von ihrer Aktualisierung. Stellen wir uns eine Revolte vor, die von einer Forderung nach Gerechtigkeit motiviert ist: Sobald die Leute sich richtig darauf einlassen, bemerken sie, dass viel mehr nötig ist, um wahre Gerechtigkeit zu erlangen, als nur die begrenzten Forderungen, mit denen sie angefangen haben (einige Gesetze zurücknehmen lassen zu wollen etc.). In solchen Momenten ereignet sich eine Neurahmung der universellen Dimension selbst, die Durchsetzung einer neuen Universalität.

Diese neue Universalität ist kein allumfassendes Behältnis, kein Kompromiss zwischen verschiedenen Kräften; es ist eine Universalität, die sich auf Teilung gründet. Präsident Obama wird oft beschuldigt, die Amerikaner zu spalten, anstatt breite, parteiübergreifende Lösungen zu finden. Aber was ist, wenn genau das gut an ihm ist? In Situationen tiefer Krisen ist eine wirkliche Spaltung dringend nötig – eine Spaltung zwischen denen, die innerhalb der alten Parameter weitermachen wollen und denen, die sich eines notwendigen Wechsels bewusst sind. Eine solche Spaltung, nicht opportunistische Kompromisse, ist der einzige Weg zu wahrer Einheit.

Wir sollten außerdem nicht davor zurückschrecken, zwei weitere Begriffe wieder stark zu machen, die in der Spaltung enthalten sind: Hass und Gewalt. »Politik ist organisierter Hass, der Einheit ist.« Dieser Satz stammt von John Jay Chapman (1862–1933), einem heute fast vergessenen politischen Aktivisten und Essayisten, der auch früh die Lüge der Nächstenliebe aufgedeckt hat: »Die allgemeine Feigheit dieses Zeitalters bedeckt sich selbst mit der Illusion der Nächstenliebe und bittet im Namen Christus' darum, dass niemandes Gefühle verletzt werden.«[7] Der Begriff von Politik als organisiertem Hass ist weit entfernt von totalitärem Wahnsinn – hier ist die zeitgenössische Version:

Die Situation klärt sich selbst an diesem Punkt: Wir haben Feinde. Sie sind uns nicht unbedingt feindlich gesinnt, es könnte sogar sein, dass sie uns ernsthaft wünschen, dass wir glücklich sind, dass wir gedeihen und stolz sind, in der Welt zu leben, die sie sich für uns ersonnen haben. Man kann sogar sagen, dass es genau das ist, was sie von uns erwarten: ihnen zu bestätigen, dass ihre Welt die beste aller möglichen Welten ist – oder die am wenigsten schlechte, kommt ganz darauf an.[8]

Früher, vor Jahrzehnten, sagten Liberale dies über Kommunisten – heute gilt es für die Feinde des Kommunismus. Bedeutet dies, dass wir für blinde Gewalt eintreten sollten? Man sollte das Problem der Gewalt entmystifizieren und vereinfachende Behauptungen zurückweisen, dass der Kommunismus des 20. Jahrhunderts exzessive mörderische Gewalt benutzt hat und dass wir vorsichtig sein müssen, nicht erneut in diese Falle zu tappen. Als Tatsache ist dies natürlich erschreckend richtig, aber ein solch direkter Fokus auf Gewalt vernebelt die darunterliegende Frage: Was war am kommunistischen Projekt des 20. Jahrhunderts an sich falsch? Welche inhärenten Schwächen dieses Projekts brachten die an der Macht befindlichen Kommunisten (und nicht nur diese) dazu, auf ungehemmte Gewalt zurückzugreifen? In anderen Worten, es ist nicht genug zu sagen, dass der Kommunismus »das Problem der Gewalt vernachlässigt hat«: Es war ein tieferes soziopolitisches Versagen, das sie zur Gewalt trieb. (Dasselbe gilt für die Aussage, die Kommunisten hätten »die Demokratie vernachlässigt«: Ihr umfassendes Projekt sozialen Wandels zwang ihnen diese »Vernachlässigung« auf.) Die chinesische Kulturrevolution dient hier als Lektion: Das Zerstören alter Denkmäler erwies sich als keine wahre Ablehnung der Vergangenheit. Eher handelte es sich um eine ohnmächtige *passage à l'acte*, ein Ausagieren, das die Unmöglichkeit, sich der Vergangenheit zu entledigen, bezeugte.

Als der rumänische Schriftsteller Panait Istrati die Sowjetunion in den späten 1920er Jahren besuchte, als die ersten großen Säuberungen und die Schauprozesse begannen, versuchte ihn ein sowjetischer Apologet von der Notwendigkeit der Gewalt gegen die Feinde zu überzeugen, indem er das Sprichwort anführte: »Man kann kein Omelette machen, ohne Eier zu zerbrechen«, worauf Istrati störrisch antwortete: »In Ordnung. Ich kann die zerbrochenen Eier sehen. Aber wo ist dein Omelette?«[9] Er hatte recht, aber nicht nur in dem Sinne, rohe Gewalt zurückzuweisen, die nicht durch ihre Ergebnisse gerechtfertigt werden kann. Das wahre »Zerbrechen der Eier« ist keine physische Gewalt, sondern das Eingreifen in die sozialen und ideologischen Beziehungen, was, ohne notwendig etwas oder jemanden zu zerstören, das gesamte symbolische Feld verändert – in welcher Weise? Um zu schließen, nehme ich als letztes Beispiel den griechischen Film *Strella* von Panos Koutras (2009).

Nachdem der Film von staatlichen Filmförderungsstellen abgelehnt und von allen größeren Produktionsfirmen zurückgewiesen wurde, war Koutras gezwungen, den Film ohne irgendeine finanzielle Unterstützung zu realisieren, und so wurde *Strella* eine vollkommen unabhängige Produktion, bei der fast alle Rollen von nicht-professionellen Schauspielern gespielt wurden. Das Ergebnis war ein Kultfilm, der viele Preise gewann. Die Geschichte geht so: Yiorgos wird nach 14 Jahren aus dem Gefängnis entlassen, die er wegen eines Mordes eingesessen hat. (Er hatte seinen 17-jährigen Bruder bei Sexspielen mit seinem fünfjährigen Sohn erwischt und seinen Bruder in einem Wutanfall getötet.) Während seines langen Gefängnisaufenthalts hat er den Kontakt zu seinem Sohn, Leonidas, verloren, den er nun zu finden versucht. Er verbringt die erste Nacht in Freiheit in einem billigen Hotel in der Innenstadt, wo er Strella trifft, eine junge transsexuelle Prostituierte. Sie verbringen die Nacht zusammen und verlieben sich ineinander. Yiorgos wird von Strellas Transen-Freundeskreis akzeptiert, und er bewundert ihre perfekte Verkörperung Maria Callas'. Er findet jedoch bald heraus, dass Strella in Wirklichkeit sein Sohn Leonidas ist: Schlimmer noch, sie wusste die ganze Zeit, dass Yiorgos ihr Vater ist und hat auf ihn im Hotel gewartet. Zuerst wollte sie ihn einfach nur sehen, aber nachdem er einen Annäherungsversuch macht, lässt sie sich darauf ein. Traumatisiert läuft Yiorgos davon und bricht zusammen, aber die beiden nehmen wieder Kontakt auf und bemerken, dass sie sich, trotz aller Unmöglichkeit, eine sexuelle Beziehung fortzusetzen, wirklich lieben. Allmählich finden sie einen Modus Vivendi, und die letzte Szene zeigt eine Neujahrsfeier: Strella, ihre Freunde und Yiorgos sind bei ihr zu Hause versammelt, zusammen mit einem kleinen Kind, für das Strella sorgen wird, der Sohn eines verstorbenen Freundes. Das Kind verkörpert ihre Liebe *und* die Sackgasse ihrer Beziehung.

Strella führt die Perversion an ihr (lächerlich erhabenes) Ende: Die traumatische Entdeckung wird wiederholt. Zuerst, ganz am Anfang des Films, entdeckt Yiorgos, dass die geliebte/begehrte Frau transsexuell ist und akzeptiert dies ohne weiteres, ohne pathetischen Schock: Als er bemerkt, dass sein Partner ein Mann ist, sagt der Partner schlicht: »Ich bin eine Transe. Hast du ein Problem damit?«, und sie küssen und umarmen sich weiter. Dann folgt die wahrhaft traumatische Entdeckung, dass Strella sein eigener Sohn ist, nach dem er gesucht hat und der ihn in vollem Bewusstsein verführt hat. Yiorgos' Reaktion ähnelt hier derjenigen von Fergus in *The Crying Game*, als er Dils Penis sieht: Ekel, Flucht, in der Stadt herumlaufen, unfähig, mit seiner Entdeckung fertig zu werden. Das Ergebnis ist ebenfalls ähnlich wie das von *The Crying Game*: Das Trauma wird durch Liebe überwunden, und eine glückliche Familie mit einem kleinen Sohn entsteht.

Die Werbetexte beschreiben *Strella* als »die Art von Geschichte, die man sich bei Dinnerpartys erzählt, eine urbane Legende« – was bedeutet, dass wir ihn nicht in derselben Weise verstehen sollten wie *The Crying Game*: Die Entdeckung des Helden, dass sein transsexueller Geliebter sein Sohn ist, ist nicht die Aktualisierung irgendeiner unbewussten Phantasie; seine Reaktion von Abscheu ist wirklich nur eine Reaktion auf eine externe böse Überraschung. In anderen Worten, wir sollten der Versuchung widerstehen, den psychoanalytischen Apparat in Bewegung zu setzen und diesen Vater-Sohn-Inzest zu interpretieren: Da gibt es nichts zu interpretieren; die Situation am Ende des Films ist *vollkommen normal*, eine Situation wahrhaftigen Familienglücks. Als solcher kann der Film als Test dienen für diejenigen, die für christliche Familienwerte eintreten: Schließt *diese* authentische Familie von Yiorgos, Strella und dem adoptierten Kind in die Arme oder haltet den Mund über Christentum. Die Familie, die am Ende des Films entsteht, ist eine echte heilige Familie, etwas in der Art wie Gottvater, der mit Christus zusammenlebt und mit ihm schläft, die vollendete Schwulenehe und elterlicher Inzest – eine triumphale Neurahmung der Phantasie. In *Beiträge zum Begriff der Kultur* bemerkt T. S. Eliot, dass es Momente gibt, in denen die einzige Wahl zwischen Häresie und Unglaube besteht, in denen die einzige Weise, eine Religion am Leben zu halten, die ist, eine sektiererische Abspaltung von ihrem Hauptkörper zu praktizieren. Genau dasselbe gilt für die christlichen Familienwerte: Der einzige Weg, sie zu retten, ist, sie neu zu definieren oder die Familie neu zu rahmen, so dass sie die Situation am Ende von *Strella* als ihren exemplarischen Fall einschließt.

Wir sind nun ans Ende angelangt – es hat uns an den Anfang zurückgeführt, zu unserer ersten Definition des Ereignisses als Akt der Neurahmung, von dem aus wir unsere Fahrt durch das Ereignis als Sündenfall, das Ereignis als Erleuchtung, die drei philosophischen Ereignisse und die drei

Aspekte des Ereignisses in der Psychoanalyse fortgesetzt haben. Nachdem wir der Möglichkeit ins Auge gesehen haben, ein Ereignis rückgängig zu machen, haben wir die Endstation erreicht, indem wir die Konturen eines politischen Ereignisses umrissen haben. Wenn der Reisende am Abend, schon im Bett liegend, nach dem Ende seiner Fahrt rechtschaffen müde ist oder zu müde, um die Aussicht eines politischen Ereignisses vorauszusehen, kann ich nur ehrlich zu ihm sagen: »Nota bene!«

Anmerkungen

Alle einsteigen– Eine Entdeckungsreise durch das Ereignis beginnt!

1 In der Liebe zeigen wir uns aus diesem Grund dem Geliebten in all unserer Verletzlichkeit: Wenn wir nackt beieinander sind, kann ein zynisches Lächeln oder ein Kommentar unseres Partners den Zauber in Lächerlichkeit verwandeln. Liebe schließt absolutes Vertrauen ein: Wenn man jemanden liebt, gibt man ihm oder ihr die Macht, einen zu zerstören, und hofft, dass er oder sie von dieser Macht keinen Gebrauch machen wird.

2 Siehe Marc Vernet, »Film Noir on the Edge of Doom«, in: Joan Copjec (Hg.), *Shades of Noir*, London 1993: Verso Books.

3 Stephen Hawking/Leonard Mlodinow, *Der große Entwurf – eine neue Erklärung des Universums*, Reinbek 2010: Rowohlt.

Erster Halt – Rahmung, Neurahmung, Gestell

1 Trotz der Absurdität der Unternehmung lag darin eine Art tragischer Schönheit; in *D'un château à l'autre* liefert Céline eine lebendige Beschreibung des Elends und des Durcheinanders des täglichen Lebens in Sigmaringen.

2 Für eine einfache Einführung in Lacans Werk siehe Slavoj Žižek, *Lacan*. Frankfurt am Main 2011: Fischer.

3 Zitiert aus http://www.friesian.com/hist-2.htm.

4 Eine spezifischere Version derselben Formel findet sich in sogenannten »parallel opera films«, in denen eine zeitgenössische Geschichte parallel zur Handlung einer Oper verläuft (für gewöhnlich eine populäre italienische), deren Aufführung den Mittelpunkt der Filmhandlung darstellt. *Il sogno de Butterfly* (Butterflys Traum), ein italienischer Film von 1939, liefert eine interessante Version dieses Verfahrens: Rosa, die auf der Bühne Cio-Cio Sans Rolle singt, verliebt sich in den amerikanischen Tenor, der in die USA zurückkehrt, ohne zu wissen, dass sie schwanger ist. Vier Jahre später kehrt er, nun reich und berühmt, nach Italien zurück; aber anders als ihr Gegenpart in der Oper bringt sich Rosa nicht um, sondern widmet ihr Leben ihrem kleinen Sohn.

5 Die Hartnäckigkeit dieser Formel der Produktion eines Paares ist erstaunlich – in *Argo* (2012) erfahren wir zu Beginn, dass der CIA-Agent, der die Flucht von sechs Angestellten der US-Botschaft aus dem Iran organisiert, die im Haus des kanadischen Botschafters versteckt sind, von seiner Frau getrennt ist, aber sehr an seinem kleinen Sohn hängt. Am Ende des Films, in der allerletzten Szene, nähert er sich dem Haus, in dem seine Frau lebt, und fragt, ob er hereinkommen darf; sie umarmt ihn schweigend. Das Rätsel dieser Szene ist, dass sie, weil sie direkt auf seinen beruflichen Triumph folgt, so wirkt, als hätte seine Frau irgendwie von seinem heldenhaften patriotischen Einsatz erfahren und wäre nun bereit, ihn aus Dankbarkeit zurück-

zunehmen – aber sie kann davon nichts wissen, da die Beteiligung der CIA an dieser Operation geheim war. Die zugrundeliegende Logik des Films ist folglich wieder einmal, dass nicht die Rettung von versteckten US-Angestellten sein eigentliches Herzstück ist, sondern die Wiedervereinigung des Paares.

6   In Lorene Scafarias *Seeking a Friend for the End of the World* (2012) erfahren wir ebenfalls, dass ein Asteroid sich der Erde nähert und alles Leben binnen drei Wochen auslöschen wird; obwohl die Katastrophe real und unausweichlich ist, dient sie dennoch als Vehikel, um ein Paar hervorzubringen, das wenige Minuten vor der Katastrophe seine Liebe eingesteht und dann in einer Umarmung verlischt. Die Aussage des Films lautet also: Es braucht eine totale Katastrophe, um ein wahres Paar hervorzubringen.

7   Ein weiteres Detail: Als das Ding sich der Erde nähert, wird nicht nur das Verhalten der Tiere seltsam (die Pferde sind unruhig etc.), sondern auch die Atmosphäre verändert sich: Für eine kurze Zeit schwitzen Justine und Claire und finden das Atmen beschwerlich – die grundlegenden Koordinaten der Natur, ihre Balance, geraten aus den Fugen.

8   In Benignis Film werden Guido, ein jüdischer Vater, und sein kleiner Sohn Joshua von den Deutschen verhaftet und nach Auschwitz gebracht. Um das Leben im Lager für Joshua erträglich zu machen, überzeugt Guido ihn davon, dass das Lager ein kompliziertes Spiel ist, in dem Joshua Aufgaben lösen muss, die Guido ihm stellt, und dafür Punkte bekommt; das Team, das zuerst 1000 Punkte erreicht, wird einen Panzer gewinnen. Er sagt ihm, dass er, wenn er weint, sich beklagt,

dass er zu seiner Mutter will, oder sagt, er sei hungrig, Punkte verlieren wird, während artige Jungen, die sich vor den Wärtern verstecken, Extrapunkte bekommen. Um zu verstehen, was an dem Film nicht stimmt, muss man nur ein einfaches Gedankenexperiment machen: sich den Film mit einer einzigen Änderung vorstellen – dass Guido am Ende erfährt, dass Joshua die ganze Zeit gewusst hat, dass er sich in einem Konzentrationslager befindet, und dass er nur so getan hat, als glaubte er Guidos Geschichte, um ihm das Leben leichter zu machen.

9   Und vergessen wir nicht, dass in einem Sinn, der weit davon entfernt ist, verrückt zu sein, und der unsere innerste grundlegendste Erfahrung betrifft, Justine recht hat: Das Leben ist abstoßend, ein unappetitliches Objekt, das sich von allein bewegt und feuchte Wärme absondert, kriecht, stinkt und wächst. Die Geburt eines Menschen selbst ist ein *Alien*-artiges Ereignis: ein monströses Ereignis von etwas, das aus dem Inneren eines Körpers hervorgestoßen wird, ein sich bewegender, großer haariger Körper. Es sollte alles verschwinden. Der Geist steht über dem Leben, es ist der Tod im Leben, ein Versuch, dem Leben zu entfliehen, während man lebt, wie im freudschen Todestrieb, der nicht Leben, sondern reine wiederholende Bewegung ist.

10   Ein beachtenswertes Detail in *The Tree of Life* ist die Formel, die zur Lösung der ödipalen Spannung geliefert wird: Vater und Sohn versöhnen sich, nachdem der Vater sich dafür entschuldigt hat, ein schlechter Vater zu sein, und der Sohn antwortet: »Ich bin so böse, wie du es bist.« Das ist die korrekte Formel für väterliche Identifikation: Ich versuche mich nicht mehr mit dem

Vater als Ideal zu identifizieren, sondern mit genau seinem Versagen, ein guter Vater zu sein.

11 Zitiert aus http://www.huffingtonpost.com/rabbi-david-wolpe/tree-of-life_b_868717.html.

12 Peter Wessel Zappfe, *Om det tragiske*, Oslo 2004: De Norske Bokklubbene, S. 147.

13 Giorgio Agamben, *Stanzen*, Zürich/Berlin 2005: Diaphanes, S. 44 f.

14 Pauline Kael, *5001 Nights at the Movies*, New York 1991: Macmillan, S. 107.

15 Ähnlich, aber nicht gleich, ist der Fall von Raphael Sibonis Dokumentarfilm mit dem lacanianischen Titel *Il n'y a pas de rapport sexuel* (2012). Der Film ist viel mehr als das »Making of« eines Hardcore-Pornos: Indem er aus einer minimalen Distanz dem Dreh eines Hardcore-Films folgt, d.h. indem er zurücktritt und den Rahmen sichtbar macht, das Fenster, durch das wir die Inszenierung betrachten, entsexualisiert er die gesamte Inszenierung und präsentiert Hardcore als graue, repetitive Arbeit: das Fingieren ekstatischer Lust, das Masturbieren hinter der Kamera, um eine Erektion beizubehalten, das Rauchen in den Drehpausen etc.

16 Richard Boothby, *Freud as Philosopher*, New York 2001: Routledge, S. 275 f.

Zweiter Halt – *Felix Culpa*

1 Sören Kierkegaard, *Die Wiederholung*, Hamburg 2000: Meiner, S. 35.

2 Stalins Haltung erscheint hier als zweideutig: Man kann sich eine stalinistische Säuberung als Anstren-

gung vorstellen, alle Schornsteinfeger zu liquidieren, welche die sozialistische Harmonie stören – doch war Stalin nicht selbst der oberste Feger?

3 Man sollte auch nicht vergessen, dass das Dienstmädchen und der Schornsteinfeger selbst ein Paar bilden – man denke an den alten Mythos von Schornsteinfegern als Verführer unschuldiger Dienstmädchen.

4 Siehe Walter Benjamin, »Über Sprache überhaupt und die Sprache des Menschen«, in: Ders., *Gesammelte Schriften*, Bd. II,1, hg. v Rolf Tiedemann/Hermann Schweppenhäuser, Frankfurt am Main 1991: Suhrkamp, S. 140–157.

5 Im Film *Zorn der Titanen* (2012) gibt es eine interessante Stelle, in der einer der Götter behauptet, dass die Menschen unsterblich seien, weil sie nach ihrem Tod weiterleben (in ihrer Seele oder in der Überlieferung), während nur Götter wahrhaft sterblich seien: Wenn sie sterben, verschwinden sie wirklich und nichts bleibt zurück. Heideggers Paar aus Sterblichen und Unsterblichen sollte daher vertauscht werden: menschliche Unsterbliche versus sterbliche Götter.

6 Das Christentum ermahnt uns also, die Vorstellung von den »zwei Körpern des Königs« umzukehren: Gott selbst hat zwei Körper, doch stirbt bei der Kreuzigung nicht der irdische Körper, während der erhabene Körper als Heiliger Geist zurückbleibt; was am Kreuz stirbt, ist genau der erhabene Körper von Christus.

7 G. K. Chesterton, *Orthodoxie. Eine Handreichung für die Ungläubigen*, Frankfurt am Main 2001: Eichborn, S. 248 f.

8 Tetullian, *Über den weiblichen Putz* (De cultu feminarum), Buch 1, Kapitel 1, zitiert nach http://www.unifr.ch/bkv/kapitel83.htm.

9   Augustinus, »Enchiridion oder Buch vom Glauben, von
    der Hoffnung und von der Liebe«, in: *Des heiligen Kirchen-
    vaters Aurelius Augustinus ausgewählte Schriften,* Bd. 8; Bi-
    bliothek der Kirchenväter, 1. Reihe, Band 49, Kempten/
    München 1925: J. Kösel/F. Pustet, S. 418.

10 Gilbert Keith Chesterton, *Franziskus. Der Heilige von As-
    sisi,* Frankfurt am Main 1986: Fischer, S. 31–33.

11 Schelling brachte das gleiche Argument vor, als er be-
    tonte, dass dem Aufstieg des Christentums der Aufstieg
    von Dekadenz und Korruption vorausging.

12 G. W. F. Hegel, *Vorlesung über die Philosophie der Religion II,*
    Frankfurt am Main 1986: Suhrkamp, S. 258.

13 Ebd., S. 257.

14 G. W. F. Hegel, *Wissenschaft der Logik II,* Frankfurt am
    Main 1986: Suhrkamp, S. 27.

15 Ray Kurzweil, *Menschheit 2.0. Die Singularität naht,* Berlin
    2013: Lola Books, S. 7.

16 Brian Greene, *Das elegante Universum,* Berlin 2000: Sied-
    ler, S. 143–148.

17 Bruce Rosenblum und Fred Kuttner, *Quantum Enigma:
    Physics encounters Consciousness,* New York 2006: Oxford
    University Press, S. 171.

18 Kojin Karatani, *History and Repetition,* New York 2011:
    Columbia University Press, S. 196 f.

19 Ebd., S. 197.

Dritter Halt – Naturalisierter Buddhismus

1   Bevor wir Usshers Arbeit als lächerliche Kuriosität ab-
    tun, sollten wir daran denken, dass bis vor ein paar
    Jahren die Gideon-Bibel, die in den meisten Hotels

zu finden war, seine Chronologie der Schöpfung enthält.

2   Virginia Woolf, »Mr Bennett und Mrs Brown«, in: Dies., *Das Totenbett des Kapitäns*. Essays, Frankfurt am Main 2014: S. Fischer, S. 116.

3   François Balmès, *Structure, logique, aliénation*, Toulouse 2011: Érès, S. 116.

4   Ich berufe mich hier auf Ahmed El Hadys Artikel »Neurotechnology, Social Control and Revolution«, der online verfügbar ist unter http://bigthink.com/ideas/neurotechnology-social-control-and-revolution?page=all.

5   Ebd.

6   http://post-gazette.com/pg/1181062-53.stm.

7   Der Text wurde gegen Ende des Jahres 1925 geschrieben, aber erst Jahrzehnte später publiziert. Die einzige Übersetzung ist auf Deutsch erhältlich: Andrej Platonov: »Der Antisexus«, in: Boris Groys/Aage Hansen-Loeve (Hg.): *Am Nullpunkt*, Frankfurt am Main 2005: Suhrkamp, S. 494–505. Als Kuriosität sollte man hinzufügen, dass im August 2012 der Abgeordnete der Moskauer Duma, Wladimir Platonov, als Anti-Sexus bekannt wurde, weil er das Verbot von Sexualerziehung und -aufklärung in russischen Medien und Schulen befürwortete (als schädlich für die öffentliche Gesundheit und Moral) – von Andrej zu Wladimir: Dies ist wohl die prägnanteste Formulierung des Verfalls des öffentlichen Lebens in Russland.

8   Mladen Dolar, »Telephone and Psychoanalysis«, in: *Filozofski vestnik*, Nr. 1, 2008, S. 12.

9   C. E. Elger/A. D. Friederici/C. Koch/H. Luhmann/C. von der Malsburg/R. Menzel/H. Monyer/F. Rösler/G. Roth/H. Scheich/W. Singer, »Das Manifest: Elf führende Neu-

rowissenschaftler über Gegenwart und Zukunft der Hirnforschung«, in: *Gehirn und Geist*, Nr. 6, 2004, S. 37.

10 Jürgen Habermas, »Das Sprachspiel verantwortlicher Urheberschaft und das Problem der Willensfreiheit: Wie lässt sich der epistemische Dualismus mit einem ontologischen Monismus versöhnen?«, in: *Deutsche Zeitschrift für Philosophie*, Heft 5, 2006, S. 669–707.

11 Siehe Thomas Metzinger, *Being No One: The Self-Model Theory of Subjectivity*, Cambridge, Mass. 2003: MIT Press.

12 Ein deutliches Zeichen für diesen pragmatischen Ansatz ist die Rolle der Meditation im Buddhismus: Während im Westen die Meditation als zentral empfunden wird (eine der Entspannungstechniken, um zu »innerem Frieden« zu gelangen), so dass ein Buddhist zu sein im Wesentlichen bedeutet, Meditation zu praktizieren; im Osten, wo Buddhismus tatsächlich eine Lebensweise ist, ist nur eine kleine Minderheit mit Meditation befasst – die Mehrheit befolgt nur (oder tut zumindest so) die ethischen Normen, die der Buddhismus auferlegt (Freundlichkeit, kein Leiden etc.). Mönche, die umfassend meditieren, dienen als »Subjekt, dem zu meditieren unterstellt wird«, eine Garantie (für die einfachen Leute), dass die Erleuchtung möglich ist.

13 Siehe Michael Jerryson und Mark Jürgensmeyer (Hg.), *Buddhist Warfare*, Oxford 2010: Oxford University Press.

14 Mark Epstein, *Gedanken ohne den Denker: das Wechselspiel von Buddhismus und Psychoanalyse*, Frankfurt am Main 1996: Krüger, S. 83.

15 Ebd., S. 211.

16 Owen Flanagan, *The Bodhisattva's Brain. Buddhism Naturalized*, Cambridge, Mass. 2011: MIT Press, S. 160.

17 Elaine Feinstein, *Ted Hughes*, London 2001: Weidenfeld & Nicholson, S. 166.

18 Oscar Wilde, *Komödien*, Frankfurt am Main 1999: Zweitausendeins, S. 461.

19 Ebd., S. 214.

Vierter Halt – Die drei Ereignisse der Philosophie

1 Neil Gaiman, *Sandman. Die Gütigen*, Teil 2 (Episode 65), Bad Tölz 2002: Verlag Thomas Tilsner, S. 7 f.

2 William Butler Yeats, *Die Gedichte*, hg. v. Norbert Hummelt, München 2005: Luchterhand, S. 81.

3 Immanuel Kant, »Ob das Geschlecht im beständigen Fortschreiten zum Besseren sei? (Streit der Fakultäten, 2. Abschnitt. Der Streit der philosophischen Fakultät mit der juristischen) (1798)«, in: Ders., *Politische Schriften*, hg. v. Otto Heinrich von der Gablentz, Köln/Opladen 1965: Westdeutscher Verlag, S. 157.

4 Jorge Semprún, *Die große Reise*, Frankfurt am Main 1994: Suhrkamp, S. 198 f.

5 Marcus Aurelius, *Selbstbetrachtungen*, Buch 6.13, Breslau 1875, 3. Aufl., S. 70 f.

6 Sören Kierkegaard, *Der Liebe Tun*, Simmerath 2003: Grevenberg, S. 250.

7 Man sollte an dieser Stelle ebenfalls darauf hinweisen, dass Descartes' Gedanke ganz von Anfang an unter Frauen Widerhall fand – »Das *Cogito* hat kein Geschlecht« war die Reaktion einer frühen weiblichen Leserin. Derjenige, der als Erster dieses feministische Potential des Cartesianismus entfaltet hat, war François Poullain de la Barre, ein Anhänger Descartes',

der, nachdem er Priester geworden war, zum Protestantismus übertrat. Er wandte cartesianische Grundsätze auf die Geschlechterfrage an und verurteilte die Ungleichheit der Stellung der Frau, indem er sich für die soziale Gleichheit von Mann und Frau einsetzte. Im Jahr 1673 veröffentlichte er anonym die Schrift *De l'Egalité des Deux Sexes: Discours physique et moral où l'on voit l'importance de se défaire des préjugés* (Über die Gleichheit der beiden Geschlechter: Eine physikalische und moralische Abhandlung, bei der man die Bedeutung erkennt, sich von Vorurteilen freizumachen), in der er zeigt, dass die Ungleichheit der Geschlechter keine natürliche Grundlage hat, sondern aus kulturellen Vorurteilen erwächst. Er empfahl auch, dass Frauen eine ordentliche Ausbildung bekommen und dass alle Karrierewege für sie offen sein sollten, einschließlich einer wissenschaftlichen.

8 G. W. F. Hegel, *Jenaer Systementwürfe III*, hg. v. R. P. Horstmann u. J. H. Trede, Hamburg 1976, S. 187. Auch in der *Enzyklopädie* erwähnt Hegel »die Intelligenz als diesen nächtlichen Schacht, in welchem eine Welt unendlich vieler Bilder und Vorstellungen aufbewahrt ist, ohne daß sie im Bewußtsein wären« (Enzyklopädie §453, in *GW* Band 10, Frankfurt am Main 1979: Suhrkamp, S. 259). Hegels historische Quelle ist hier Jacob Böhme.

9 G. W. F. Hegel, *Jenaer Systementwürfe III*, a. a. O., S. 189 f.

10 Siehe Sigmund Freud, »Psychoanalytische Bemerkungen über einen autobiographisch beschriebenen Fall von Paranoia«, in: Ders., *Gesammelte Werke*, Band VIII, Frankfurt am Main 1945: Fischer, S. 239–320.

11 Jacques Lacan, *Schriften II*, Weinheim/Berlin 1991: Quadriga, S. 192.

12   Siehe Catherine Malabou, *Les nouveaux blessés*, Paris
      2007: Bayard.

13   Ebd., S. 315.

14   Gilbert Keith Chesterton, *Der Mann, der Donnerstag war*,
      Frankfurt am Main 1961: Fischer, S. 41 f.

15   Gilbert Keith Chesterton: »Verteidigung von Kriminal-
      romanen«, in: Ders., *Verteidigung des Unsinns, der Demut,
      des Schundromans und anderer mißachteter Dinge*, Frank-
      furt am Main 1986: Fischer, S. 145.

16   Online unter http://archive.org/stream/jesusvonnaza-
      reth00wagn/jesusvonnazareth00wagn_djvu.txt.

17   Ludwig Feuerbach (1804–1872) war ein deutscher
      Philosoph, der Hegels Idealismus zurückwies und für
      die volle Geltendmachung der körperlichen und sinn-
      lichen menschlichen Existenz plädierte; Religion war
      für ihn ein Phantasiebild, auf das die Menschheit ihre
      besten Eigenschaften projizierte.

18   Jean-Pierre Dupuy, ›Quand je mourrai, rien de notre
      amour n'aura jamais existé‹, unveröffentlichter Vor-
      trag auf dem Kolloquium *Vertigo et la philosophie*, École
      Normale Supérieure, Paris, 14. Oktober 2005.

19   Für eine detaillierte Ausarbeitung dieses Gedankens
      von Bergson siehe Kapitel III, Abschnitt 2 von Slavoj
      Žižek, *Auf verlorenem Posten*, Frankfurt am Main 2009:
      Suhrkamp.

20   Rosa Luxemburg, *Gesammelte Werke*, Band 1, Erster
      Halbbd., Berlin 1982: Dietz Verlag; online unter https://
      www.marxists.org/deutsch/archiv/luxemburg/1899/
      sozrefrev/kap2-3.htm.

21   Das macht vermutlich die Praxis der kurzen Analyse-
      sitzungen problematisch, die Lacan eingeführt hatte.
      Die Idee ist klar: Lacan hatte bemerkt, dass in der fünf-

zigminütigen Standardsitzung der Psychoanalyse der Patient die Themen immer wieder bloß durchgeht und nur in den letzten Minuten, wenn die Beendigung durch den Analytiker nahe ist, er oder sie in Panik gerät und etwas brauchbares Material produziert. Daher verfiel er auf die Idee: Warum nicht einfach die lange Periode verlorener Zeit kappen und die Sitzung auf die letzten wenigen Minuten begrenzen, wo unter dem Zeitdruck wirklich etwas geschieht? Das Problem hier ist: Können wir wirklich nur zu dem produktiven letzten Teil gelangen ohne die verlorene Zeit der vorausgegangenen fünfundvierzig Minuten, die als Reifezeit für den Inhalt fungieren, der in den letzten fünf Minuten explodiert?

22 M. J. Petry (Hg,), *Hegel's Philosophy of the Subjective Spirit*, Band 1: *Introductions*, Dordrecht 1978: Riedel, S. 6–7.

Fünfter Halt – Die drei Ereignisse der Psychoanalyse

1 Walter Benjamin, *Gesammelte Schriften,* Band I,3, *Abhandlungen,* hg. v. Rolf Tiedemann/ Hermann Schweppenhäuser, Frankfurt am Main 1980: Suhrkamp, S. 1238 (Anmerkungen zu »Über den Begriff der Geschichte«); das frz. Originalzitat findet sich in Walter Benjamin, *Das Passagen-Werk*, Erster Band, hg. v. Rolf Tiedemann, Frankfurt am Main 1983: Suhrkamp, S. 603 f.

2 Walter Benjamin, *Illuminationen*, Frankfurt am Main 1980: Suhrkamp, S. 251 f.

3 William Shakespeare, *Gesammelte Werke*, Frankfurt am Main 2007: Zweitausendeins, S. 924.

4 Ebd., S. 136.

5 Der zweite Teil der Argumentation ist nicht weniger interessant mit seiner nietzscheanischen Argumentationslinie – nicht so sehr die letzten beiden Zeilen (mit ihrer Alltagsweisheit: Angst lässt dich das sehen, was nicht da ist, sie lässt dich fälschlich einen Busch für einen Bären wahrnehmen), sondern die genaueren vorhergehenden Zeilen: Die Vorstellung substantialisiert eine Eigenschaft (Gesichtszüge, Gefühle), indem sie ihren Träger für die Ursache nimmt.

6 Siehe Karl Popper, *Objective Knowledge*, Oxford 1972: Oxford University Press.

7 François Balmès, *Structure, logique, aliénation*, Toulouse 2011: Érès, S. 116.

8 Jürgen Habermas, *Glauben und Wissen* (Dankesrede zur Verleihung des Friedenspreises des Deutschen Buchhandels 2001), hg. vom Börsenverein des Deutschen Buchhandels, Frankfurt am Main 2001, S. 13.

9 Jacques Lacan, *Écrits*, New York 2007: Norton, S. 824 (Anmerkung des englischen Übersetzers).

10 Sergei Eisenstein, »The Milk Separator and the Holy Grail«, in: *Non-Indifferent Nature*, Cambridge 1987: Cambridge University Press.

11 http://www.marketplace.org/topics/business/nobel-awarded-economics-matchmaking.

12 Robert Service, *Lenin: eine Biographie*, München 2002: dtv, S. 309.

13 Arthur Rimbaud, *Sämtliche Dichtungen. Französisch und Deutsch*, Heidelberg 1982: Verlag Lambert Schneider, S. 200.

14 Siehe Karl Marx, »Die Klassenkämpfe in Frankreich 1848 bis 1850«, in: Ders., *Ausgewählte Schriften in zwei Bänden*, Band 1, Berlin 1985: Dietz, S. 173.

15   James Williams, *Gilles Deleuze's Difference and Repetition: A Critical Introduction and Guide*, Edinburgh 2003: Edinburgh University Press, S. 94.

16   Gilles Deleuze, *Differenz und Wiederholung*, München 1992: Wilhelm Fink Verlag, S. 112 f.

17   James Williams, *Gilles Deleuze's Difference and Repetition: A Critical Introduction and Guide*, Edinburgh 2003: Edinburgh University Press, S. 96.

18   T. S. Eliot, »Tradition und individuelle Begabung«, in: Ders., *Ausgewählte Essays 1917–1947*, Berlin/Frankfurt am Main 1950: Suhrkamp, S. 197 ff.

19   Jorge Luis Borges, »Kafka und seine Vorläufer«, in: Ders., *Inquisitionen*, Frankfurt am Main 1992: Fischer, S. 120.

20   Siehe Peter Hallward, *Out of This World*, London 2006: Verso.

21   Gilles Deleuze/Félix Guattari, *Was ist Philosophie?*, Frankfurt am Main 2000: Suhrkamp, S. 186.

22   Hallward, *Out of This World*, S. 54.

23   Williams, *Gilles Deleuze*, S. 109.

24   Ebd. S. 87.

25   Jacques Lacan, *Encore. Das Seminar Buch XX*, Weinheim/Berlin 1986: Quadriga, S. 158.

26   Jean-Pierre Dupuy, *Petite métaphysique des tsunami*, Paris 2005: Seuil, S. 19.

27   G. W. F. Hegel, *Phänomenologie des Geistes*, Frankfurt am Main 1986: Suhrkamp, S. 402 f.

28   Ryszard Kapuściński, *Schah-in-schah: Eine Reportage über die Mechanismen der Macht und des Fundamentalismus*, Frankfurt am Main 2006: Eichborn.

29   Siehe Benjamin Libet, *Mind Time. Wie das Gehirn Bewusstsein produziert*, Frankfurt am Main 2005: Suhrkamp.

30 In seinem Seminar über Wagner an der École Normale
    Supérieure in Paris am 14. Mai 2005.

31 Gilles Deleuze, *Logik des Sinns*, Frankfurt am Main 1993:
    Suhrkamp, S. 19.

32 Ebd. S. 22 f.

33 Alle drei Haikus von Bashô, zitiert nach *Haiku. Japa-
    nische Dreizeiler*, hg. u. übersetzt v. Jan Ulenbrook, Stutt-
    gart 1995: Reclam.

34 Robert Pirsig, *Zen und die Kunst, ein Motorrad zu warten.
    Ein Versuch über Werte*, Frankfurt am Main 1992: Fischer.

35 Brian Victoria, *Zen, Nationalismus und Krieg. Eine unheim-
    liche Allianz*, Berlin 1999: Theseus Verlag, S. 159 f.

36 Persönliche Information eines Freundes.

37 Niall Ferguson. *The War of the World. Twentieth Century
    Conflict and the Descent of the West*, London 2007: Penguin.

Sechster Halt – Das Ungeschehenmachen eines Ereignisses

1   http://www.freehungary.hu/index.php/archives-new/
    1230-hungary-pm-orbans-scandalous-statements-at-
    a-forum-of-hungarian-business-leaders (eine deutsche
    Seite zitiert Ausschnitte aus der Rede: http://www.pres-
    seurop.eu/de/content/news-brief/2438011-viktor-orban-
    will-die-demokratie-ersetzten).

2   Siehe http:// www.latimes.com/entertainment/movies/
    moviesnow/la-ct-mn-0116-bigelow-zero-dark-thirty-
    20130116,0,5937785.story.

3   Aus diesem Grund ist Bigelows Kommentar über den
    Film – »Wenn man Gewalt sieht, wird man in einem
    lacanianischen Sinne dekonstruiert« (Siehe http://

www.newyorker.com/talk/2012/12/17/121217ta_talk_
filkins) – nicht nur Unsinn (es gibt keine lacanianische
Dekonstruktion, Lacan war kein Dekonstruktivist),
sondern eine ethische Obszönität.

4   Zitiert aus dem Werbematerial der Produktionsfirma
Final Cut Films.

5   Allgemeiner noch: Wie könnten (relativ) anständige
Menschen grauenvolle Dinge tun? Um das zu be-
gründen, muss man den üblichen konservativen anti-
individualistischen Blick umkehren, demzufolge die
sozialen Institutionen unsere individuellen, spontanen
und bösen Tendenzen, unerbittlich unseren zerstöreri-
schen und egoistischen Impulsen zu folgen, begrenzen
und kontrollieren: Was wäre, wenn wir als Individuen
ganz im Gegenteil (relativ) anständig wären, und die
Institutionen alle ihre Tricks anwenden müssten, um
uns dazu zu bringen, schreckliche Dinge zu tun? Die
Rolle der Institutionen als vermittelnde Instanzen ist
hier entscheidend: Es gibt Dinge, die ich nie in der
Lage wäre, persönlich zu tun, aber wenn ich es meine
Agenten für mich tun lasse, kann ich so tun, als wüss-
te ich nicht, was los ist. Wie viele Menschenfreunde,
wie Angelina Jolie und Brad Pitt, investieren ihr Geld
in Bauprojekte in Dubai, wo moderne Versionen von
Sklavenarbeit eingesetzt werden, während sie nichts
davon wissen (oder so tun können), weil es von ihren
Finanzberatern getan wurde?

6   G.W.F. Hegel, *Grundlinien der Philosophie des Rechts*,
Frankfurt am Main 1986: Suhrkamp, S. 407.

7   Michael Yuen, »China and the Mist of Complicated
Things«, unveröffentlichter Text.

Endstation – Nota bene!

1   Maurice Blanchots Selbstinterview in: *La nouvelle revue française*, April 1960.

2   Siehe Alain Badiou, *Das Sein und das Ereignis*, Zürich/Berlin 2005: Diaphanes, und *Logik der Welten*, Zürich/Berlin 2009: Diaphanes.

3   Franco Bifo Berardi, *After the Future*, Oakland 2011: AK Press, S. 175.

4   Siehe Maurizio Lazzarato, *The Making of the Indebted Man*, Cambridge, Mass. 2012: MIT Press.

5   Karl Marx, *Das Kapital*. Erster Band, Berlin 1962: Dietz, S. 191.

6   Es ist leicht, dasselbe Über-Ich-Paradox im Hass muslimischer Fundamentalisten gegenüber westlichen Liberalen auszumachen: Liberale werden nicht dafür gehasst, dass sie arrogant und rassistisch gegenüber dem Islam sind, sondern genau aus dem gegenteiligen Grund – weil sie sich gegenüber der Dritten Welt schuldig fühlen und ihr eigenes Recht bezweifeln, das zu sein, was sie sind. In dieser Weise sind sie im klassischen Über-Ich-Dilemma gefangen – je schuldiger sie sich fühlen, desto gemeiner werden sie der Scheinheiligkeit beschuldigt.

7   John Jay Chapman, *Practical Agitation*, New York 1900: Charles Scribner & Sons, S. 47.

8   *Communisme: un manifeste*, Paris 2012: Nous, S. 9.

9   Andrej Platonovs klassischer dystopischer Roman *Die Baugrube* (1929–30) erzählt die Geschichte einer Gruppe von Arbeitern, die mit dem Ausheben riesiger Fundamente beschäftigt sind, auf denen ein gigantisches Haus für die Arbeiterklasse der Stadt gebaut werden

wird. Aber das Haus wird niemals gebaut: Alles, was bleibt, ist das gigantische Loch, das alte Häuser zerstört hat, um den Platz einzunehmen – könnte der Titel dieses Romans nicht ebenfalls lauten: *Die zerbrochenen Eier ohne das Omelette?*

Slavoj Žižek
Das Jahr der gefährlichen Träume
Aus dem Englischen von Karen Genschow
224 Seiten. Gebunden

Das Jahr 2011 hat emanzipatorische sowie destruktive Träume zum Leben erweckt. Der bekannte Philosoph und Kulturkritiker Slavoj Žižek analysiert diese Ereignisse daraufhin, was sie für unsere gegenwärtige politische Lage bedeuten – mit Witz, The Wire, Dialektik und Marx.

»Theorie muss auch immer sexy sein,
sie muss unterhalten, provozieren, bruchstückhaft und
leicht zitierbar sein, physisch spürbar wie Rockmusik.
All das liefert Žižek.«
Der Spiegel

Maria Berg
Sommerhutwahl

S. Fischer

fi 1-092593 / 1